令和版

空撮 日振島・宇和島

［磯釣り場ガイド］

掲載ポイント130超！

目次

大崎の地の明海側
大崎の地
大崎の中
尾島
尾島の北
尾島のハナレ
明海1番
明海2番
明海3番
大崎の間口
喜路港
早磯の瀬戸
早磯1番
早磯2番
早磯3番
早磯4番
門
7番
6番のオカ
6番
5番
4番
3番
3番の横
小高
西バエの横
西バエ
西バエのオカ
横島
2番
2番の中の横(右)(左)
ナポリ
ナポリの前
キマグレの横
キマグレ
キマグレの奥
カンノン
1番横
1番
北の8番
北の7番
北の6番
北の5番
北の4番
北の3番
北の中鼻
北の中の横
北の中
北の2番
北の1番
凡例
満ち潮
引き潮
グレなど上物ポイント
イシダイなど底物ポイント
釣り座とサオ出し方向
シモリ（写真では確認できない場合）

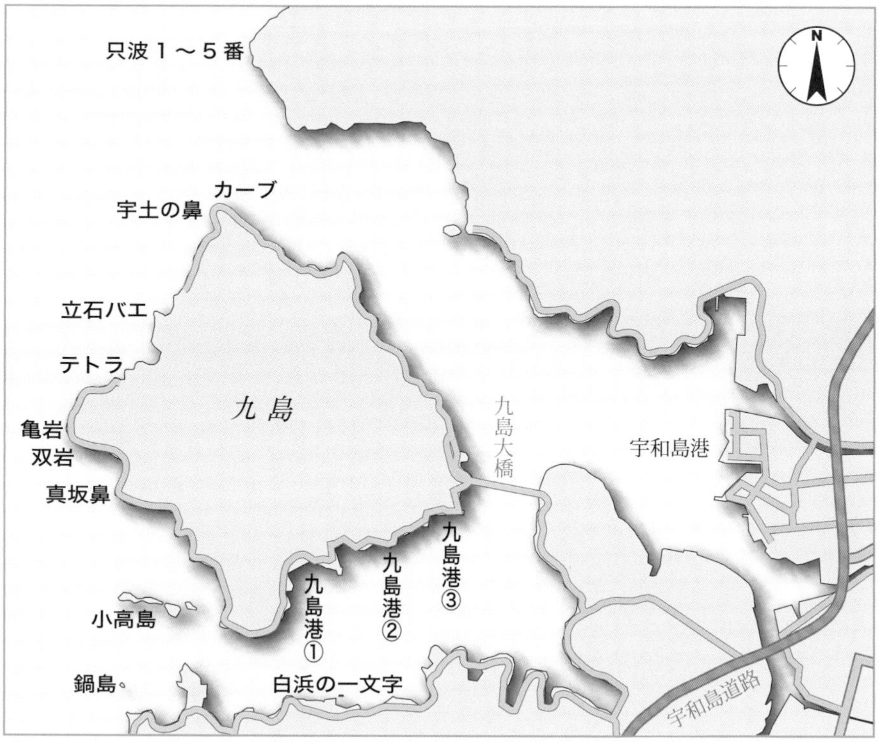

STAFF
[Editor in Chief] 佐藤俊輔
[Edit & Design & Illustration] 高崎冬樹（編集企画 EEL）

全天候型磯釣りヘブン

◎日振島《ひぶりじま》の魅力と概要

理想の1人1ポイント あらゆる風に強い釣り場

四国西部の愛媛県と九州は大分県の間の豊後水道、四国側の宇和島港から約28㎞の宇和海に浮かぶ日振島への磯渡船が始まったのは昭和40年代のころだ。

当時から地元・四国だけでなく中国地方や関西方面の釣り人にも人気が高く、いまでこそ瀬戸大橋で瀬戸内海をひとまたぎ、さらに松山道など高速道路の利用で関西方面からでも気軽な日帰り釣行が可能になったが、当時は瀬戸内海をフェリーで渡り一般国道を延々走って宇和島に至るルートは半日がかりだったのだ。

同じ四国西部の釣り場でも日振島は宇和海北部、瀬戸内海に近い位置にあり、初秋の水温の低下が早く、また春の水温上昇も遅れることから、日振島より南に位置する中泊、武者泊、鵜来島、沖ノ島などにくらべ釣りシーズンには若干のズレがある。グレに関していえば他の釣り場よりも特に秋のシーズン入りが早く、逆に寒グレが下火になるのも早いといえる。

日振島の磯釣りの魅力は何と

いっても磯数が非常に多いこと。横島から日振島、沖の島へと続く海岸線には何十、何百という磯があり、また小さい独立磯が主体なので少人数で釣行した場合でも、他の釣り人と同じ磯に乗り合うことがほとんどなく、いわば「1人1ポイント」という磯釣りでは理想的なシチュエーションが用意されている。

さらに南東から北西へ細長く延びる地形から、どちらから風が吹いても、どこかでサオを出せる磯があり渡船止めになることが少ないのも魅力のひとつ。潮通しがよい南岸側に1級が多いのは事実で一般には人気があるが、北岸側でも良型グレを始め、さまざまな魚種が釣れるのも日振島の特徴だ。

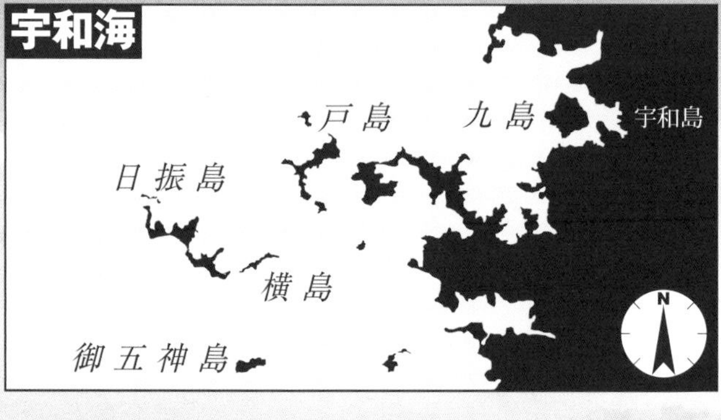

矢が浜沖に全船が集結 公平な磯割システム

現在、日振島への渡船は6業者7船あり、毎朝、磯取りを決める抽選を行うのが古くから採用されているスタイル。宇和島港などを出船した渡船がまず集結するのは三浦半島先端にある矢が浜という集落の沖、戸島東側の海域だ。

当番船の舳先から差し出されたクジを各渡船の代表者が順に引いていき、その日の釣り場が割り当てられる。たとえば6船が集まった場合、横島から沖の島までの磯をランダムかつ公平に6船分で振り分けるシステム。5船なら5船分、4船なら4船分の磯割りが予め決められているのだ。

船足が速くなった現在、抽選場までは宇和島港からだと35分ほどで到着。そこから横島までなら数分で到達するが、手前の横島から順次磯上げしていくと、釣り客の人数にもよるが最も遠い沖の島やカモメ島に至るまでには、たっぷり1時間はかかる。

また船内での磯上がりの順番は船長判断に委ねられているが、希望の磯がある場合は、お客さん同士で相談のこと。ちなみに4月だと宇和島港出船が午前4時50分、納竿が午後2時（渡船よしだ屋の場合）。これは季節により、また渡船店により変動があるので要確認のこと。

日振島の最西端に位置するカモメ島のハナレ、超一級磯の21番と22番。潮通しのよさは抜群で時に激流が通す釣り場で本流釣りも楽しめる

寒もしくは梅雨時期は50cmクラスのクチブトグレが連日ヒットする

ルアーも楽しい磯釣りパラダイス

日振本島の8番周辺。磯際にはオナガグレも居着く。沖合は水深がすぐ20mまで落ち込む急深なポイントも多い

フカセ釣りパラダイス ルアーは青ものにロック

日振島の磯釣りで最も人気があるのはフカセ釣りでねらうグレ。釣れるサイズはクチブトなら最大で55〜56cm。レギュラーサイズは……というよりもキープサイズは南岸側で35〜50cmというから頼もしい。というのも特に決まりはないものの35cm以下はリリースする釣り客がほとんどだからで、30cmそこそこのサイズも含めると釣れる数は相当になる。クーラー満杯

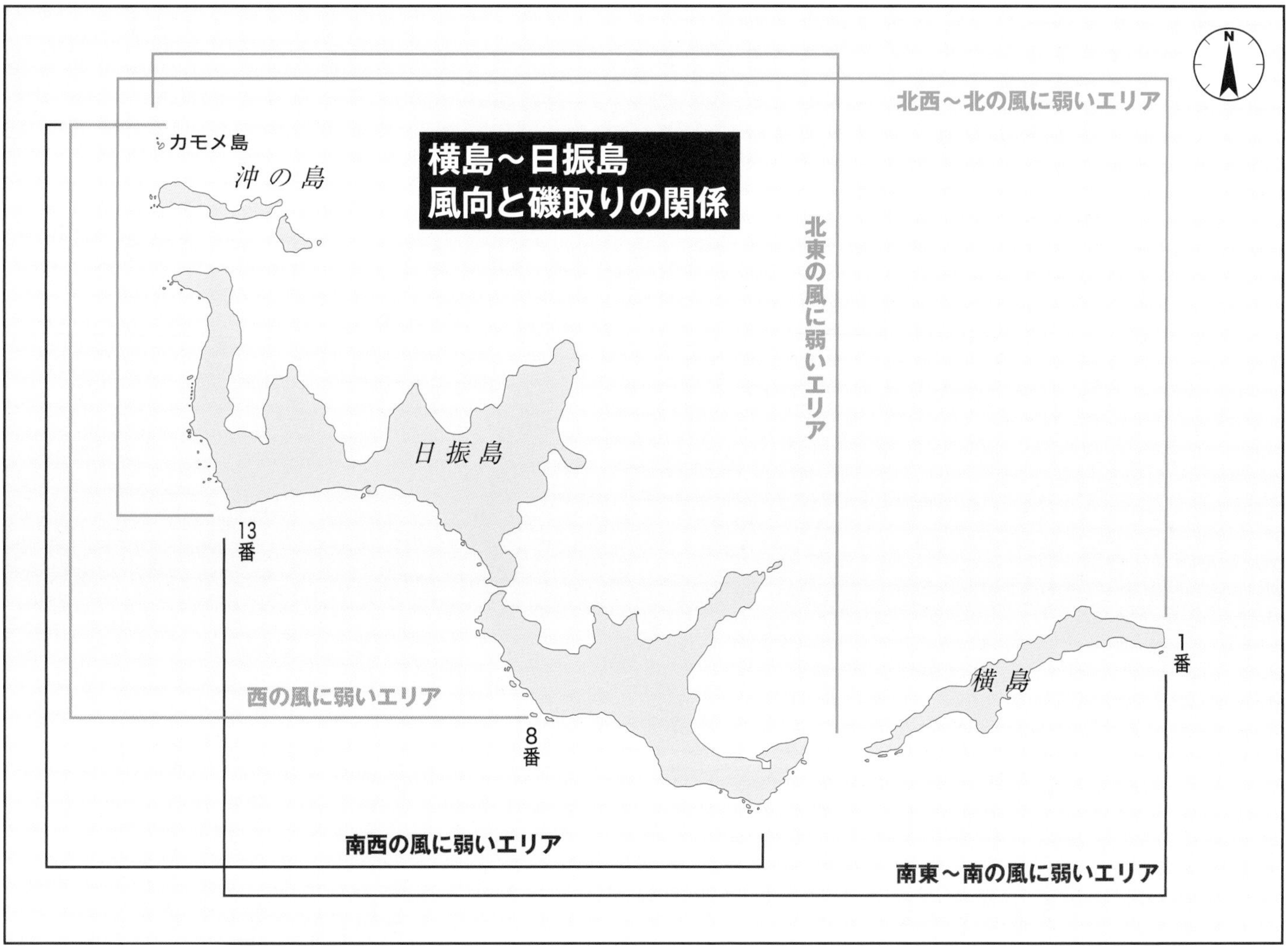
N
横島〜日振島
風向と磯取りの関係
カモメ島
沖の島
北西〜北の風に弱いエリア
北東の風に弱いエリア
日振島
13番
1番
横島
西の風に弱いエリア
8番
南西の風に弱いエリア
南東〜南の風に弱いエリア

日振島は大きく南岸側と北岸側に分けられる。また横島〜日振島〜沖の島へと北西方向に島が並んでいるので、あらゆる方向の風に対して、どこかで釣りができるのがありがたい。冬場の北西の季節風、夏場の南寄りが強く吹いていても渡船中止になることが少ない

取材協力 / 渡船よしだ屋

渡船 よしだ屋

今回のガイドでご尽力いただいた渡船よしだ屋（TEL 090・7781・4755）の吉田英二船長。1969年生まれ。釣り好きが高じて渡船店を開業。温厚で懇切丁寧なアドバイスもしてくれる。磯釣りの渡船だけでなく船のイカメタル、タイラバ、ジギングなどにも案内。また若かりしころは投げ釣りにもハマったという吉田船長なので投げ釣りファンもご利用あれ！

担当磯は磯渡しの前、全渡船が戸島の西付近に集結しクジ引きで決める

もまったく夢ではない。

　本島の北側は南側にくらべ若干サイズダウンするが、それでも磯によっては40cmオーバー、50cmクラスも珍しくない。また北岸側はトーナメント会場に使われることが多く、競技志向の人には人気がある。ただマキエも仕掛けも大遠投しての釣りなので一般の釣り客には不向きかもしれない。

　トーナメントは別として日振島でのグレ釣りの推奨ハリスは最低2号（渡船よしだ屋の場合）で、なかには年中3号ハリスで通す人もいる。オナガも釣果にアップされるのは45cmぐらいまでのサイズが多いが、細ハリスの使用が多いためバラシが多い。磯によってはマキエにロクマルサイズも浮上することもあり大型がいないわけではない。しかし、これが太いハリスだとなかなか食ってくれないのが難である。

　イサギは好不調の波はあるが、ほぼ年中釣れる。近年、30cmクラスが多くなったがレギュラーサイズは35〜44cmとなかなか大きい。夏場は掛けたイサギをサメに横取りされることが多いので注意。

　マダイは最大で90cmオーバー。フカセ釣りの細めの仕掛けだと75cmまで、運がよければ80cmオーバーもあがる。

　青ものはハマチ（60〜85cm）をメインに秋口からは60cm以下のヤズが多くなる。秋と春先に60〜80cmのヒラマサ、水温が23℃を超える7月になるとカンパチ60〜70cmも回遊する。南方系のヒレナガカンパチは少ない。

　近年はルアーで青ものをねらうアングラーも多く、早朝にトップウォーターからミノー、日中はメタルジグで深いレンジを探るのがお決まりのパターン。

　ポイントによっては、ここ10年で数が増えたヒラスズキ50〜85cmもヒットするので、ウネリがありサラシが大きく出る磯の陸向きでヒラスズキ、沖側で青ものと釣り分けるとよい。

　底物のイシダイポイントもあり30〜45cmの中小型が多いが、70cmオーバーの実績もある。エサは四国西部では伝統的なカラスガイや赤貝メインに水温が高い夏場はガンガゼやバフンウニを使う。

　ロックフィッシュはオオモンハタがメインで30〜55cmがルアーにヒット。アカハタは秋に30〜40cmが釣れる。

　アオリイカのエギングもOKだが秋に1kgまでの仔イカシーズンしかねらう人がいない。北岸の磯には投げ釣りのポイント、港周りはアジング、メバリングもよい。

◎日振島の多彩な釣魚たち

●クチブトグレ
（標準和名メジナ）

●ヒラマサ

●カンパチ

●マダイ

●オナガグレ
（標準和名クロメジナ）

●イシダイ

●ヒラスズキ

●オオモンハタ

●アカハタ

●アオリイカ

代表ターゲットの釣りシーズン

魚種 / 月	1	2	3	4	5	6	7	8	9	10	11	12
クチブトグレ	■	■	■	■	■	■	■		■	■	■	■
オナガグレ				■	■	■	■		■	■	■	■
イシダイ					■	■	■	■	■	■	■	
イシガキダイ						■	■	■	■	■		
ハマチ・ブリ	■		■	■	■	■	■	■	■	■	■	■
ヒラマサ			■	■						■	■	
カンパチ							■	■	■			
マダイ		■	■	■	■					■	■	■
イサギ	■	■	■	■	■	■	■	■	■	■	■	■
ヒラスズキ				■	■	■	■	■	■	■	■	■
オオモンハタ				■	■	■	■	■	■	■	■	■
アカハタ									■	■		
アオリイカ									■	■		

横島《よこしま》

■日振島の渡船区で宇和島から最も近いエリアが横島だ。磯割抽選場からだと数分の距離。釣り場は島の南北に分かれるが南岸は水深浅めで北岸は足下から水深がある。一般に人気があるのは南岸だがグレのサイズに関していうと北岸も引けを取らない。冬場は釣りができる日が少ない北岸だが磯に上がりさえすれば良型が出る。南北ともグレだけでなくマダイや青ものも有望。ルアーでねらうロックフィッシュのポイントは南岸に多い。

横島
ナポリ
ナポリの前
キマグレの横
キマグレ
カンノン

Area

1番

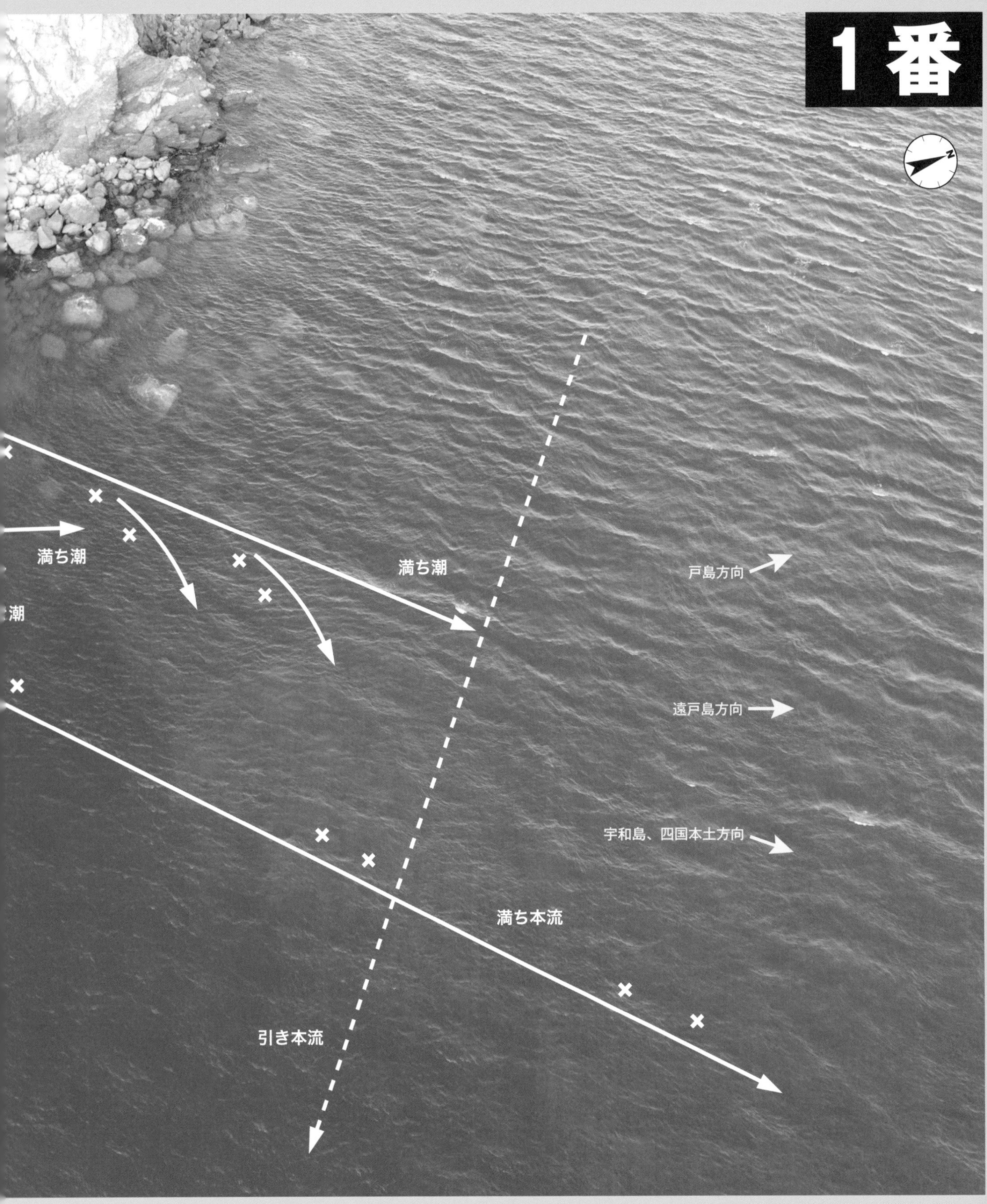
満ち潮
満ち潮
戸島方向
遠戸島方向
宇和島、四国本土方向
満ち本流
引き本流

秋〜春、梅雨時期のグレの１級ポイントでクチブト、オナガとも期待大。春と秋は小〜中型メインだが冬場は大型が出る。満ち潮の本流釣りが面白く、サオ下〜100m 沖でアタリが出る。北西風には強いが北、東、南の風には弱い。小型が多い時はマキエをサオ下だけに打ち、２〜３ヒロのウキ下で遠投するとよい。

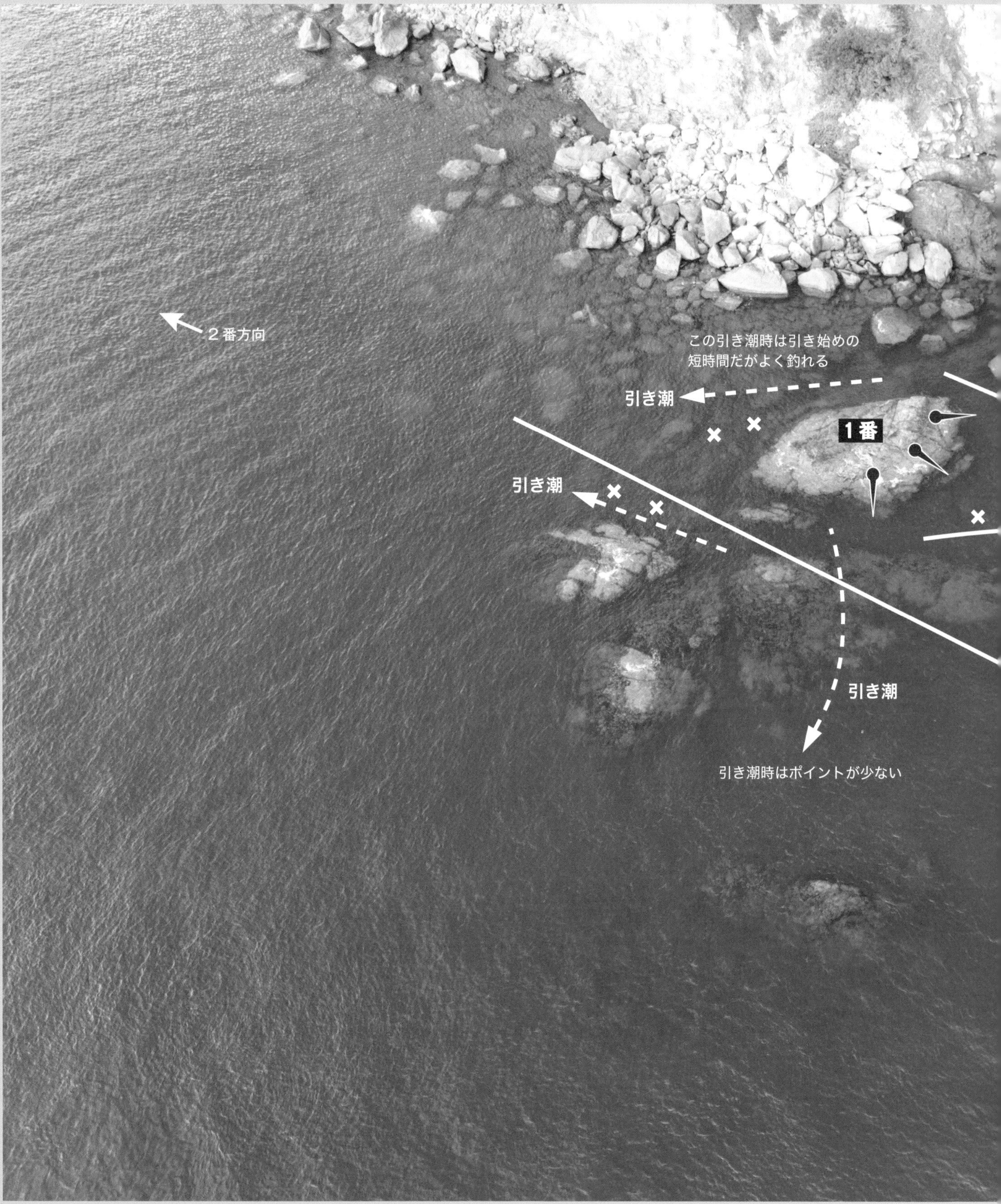

２番方向
この引き潮時は引き始めの
短時間だがよく釣れる
引き潮
1番
引き潮
引き潮
引き潮時はポイントが少ない

カンノン・1番横

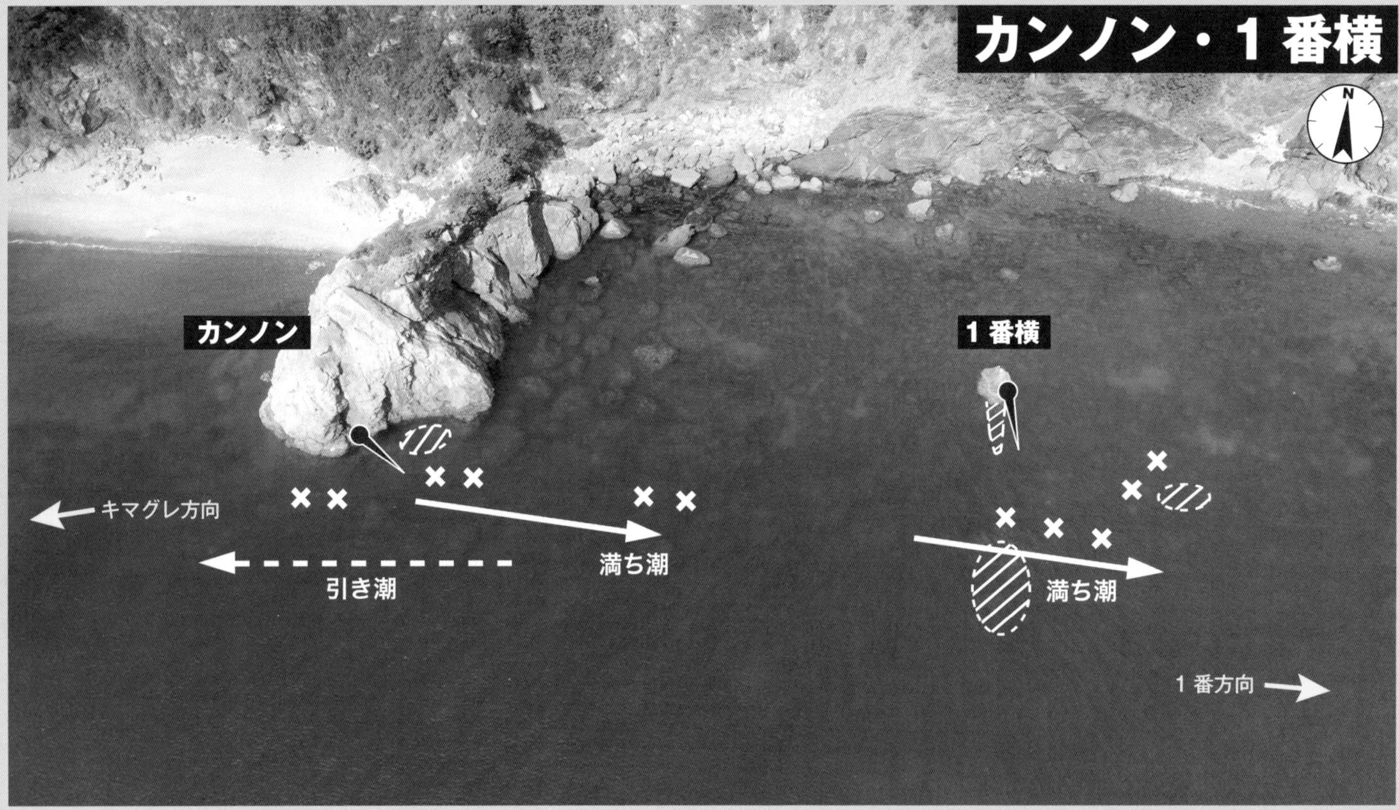

【カンノン】 冬期のポイントで中型以上のクチブトグレが手堅く釣れる。アイゴも多い。定員は1名。波に弱く大潮の満潮時は渡礁不可、潮位が半分以下の時間帯が釣りやすい。
【1番の横】 足場が狭く磯上がりできる確率は低い。北西風が強い冬場の逃げ場で正面沖から1番方向をねらうとクチブトグレの中型～良型が出る。

キマグレ

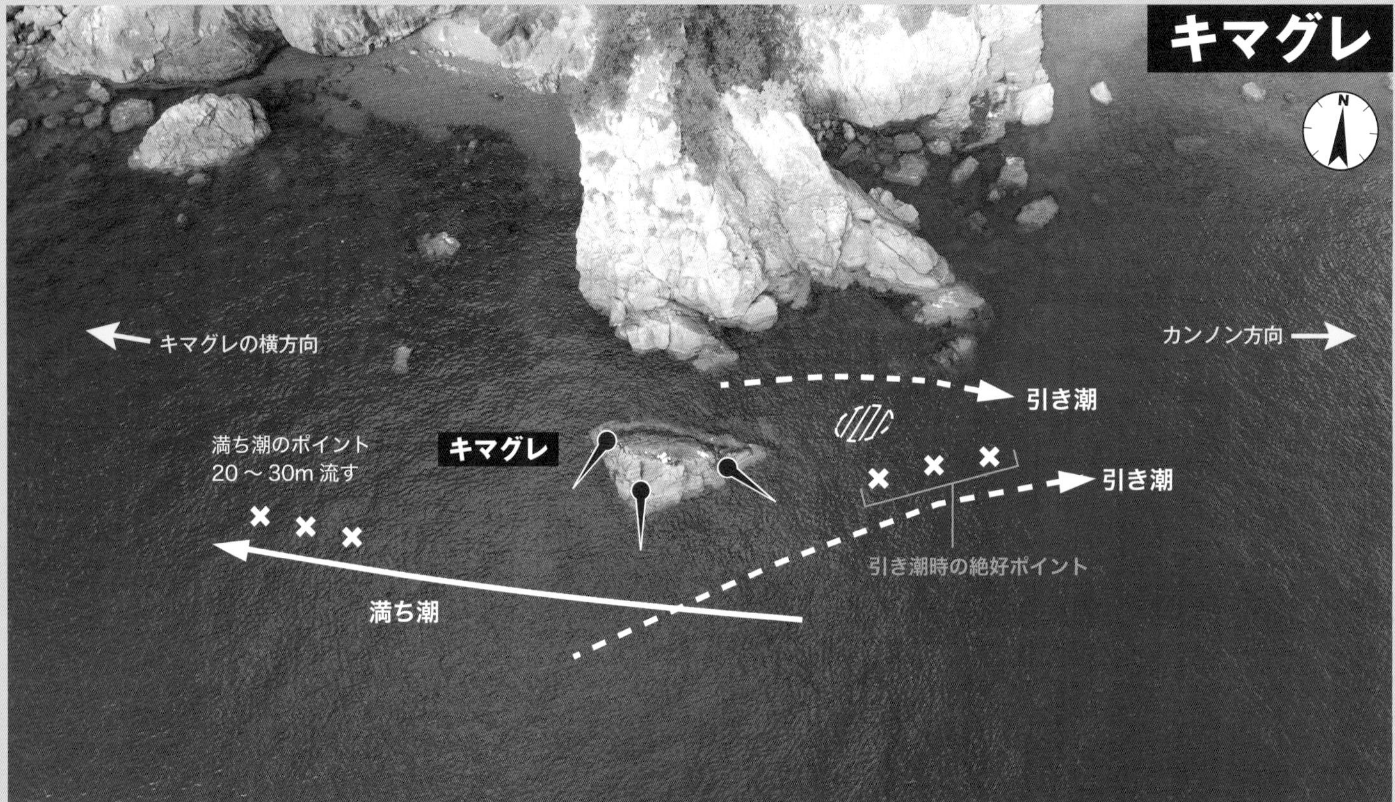

秋～春、梅雨時期に中～良型のグレがよく釣れる好ポイント。冬の季節風にも強い。満ち潮、引き潮とも釣れるが特に引き潮がよい。ルアーでハマチ、カンパチなど青もの、オオモンハタ、カサゴなど根魚もねらえる。

キマグレの横

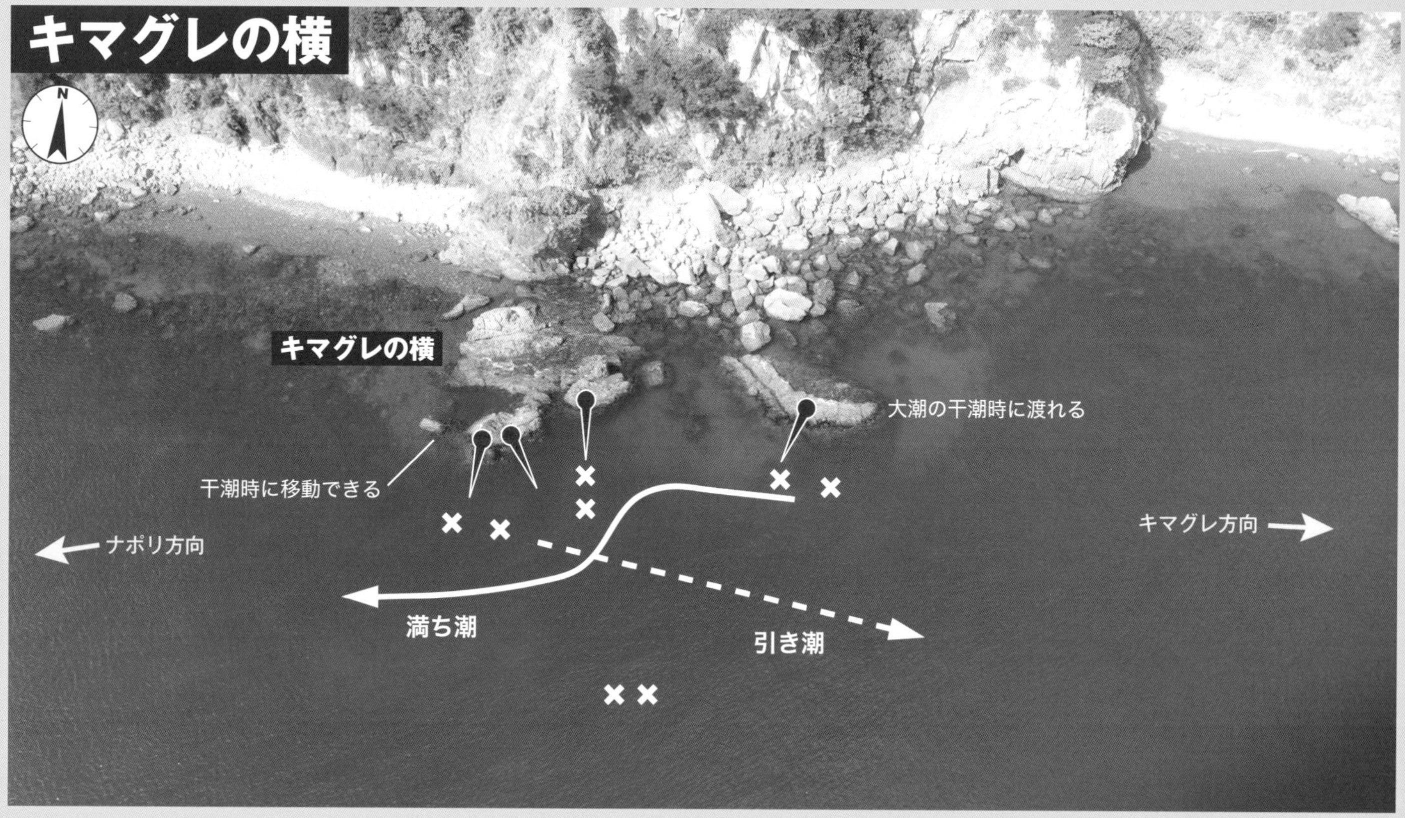
キマグレの横
大潮の干潮時に渡れる
干潮時に移動できる
ナポリ方向
キマグレ方向
満ち潮
引き潮

全体的に足場が低く、大潮の満潮時は渡礁しにくい。南からのウネリが高い日も磯上がりできない。冬場のグレポイントで中〜良型がねらえる。

ナポリ

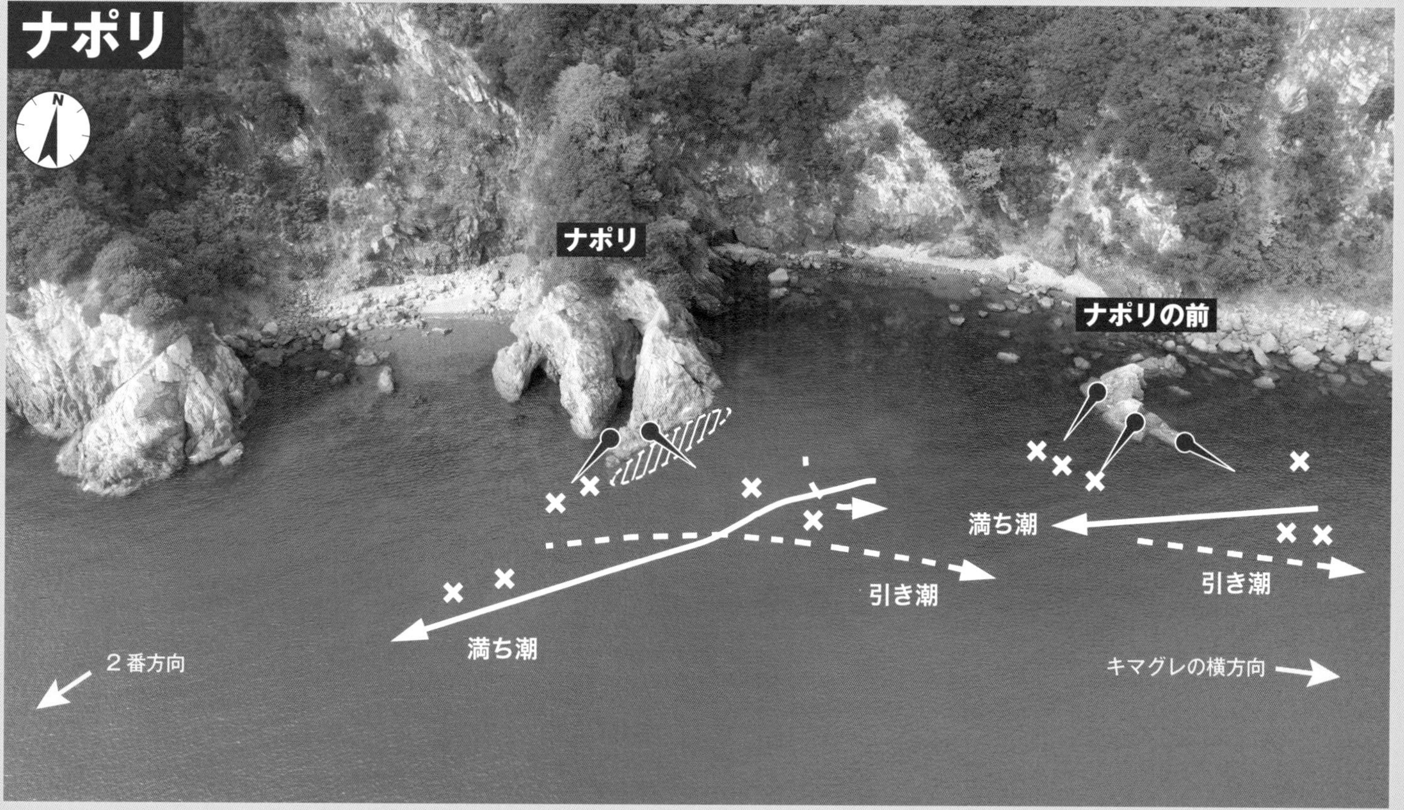
ナポリ
ナポリの前
満ち潮
引き潮
満ち潮
引き潮
満ち潮
2番方向
キマグレの横方向

冬期の釣り場でクチブトグレ、アイゴがよく釣れる。満ち込みの潮がねらいめ。春はフカセ釣り、カゴ釣りでマダイ、秋はアオリイカもOK。冬場は季節風の陰になり穏やかだが南からのウネリには弱い。すぐ隣にある「ナポリの前」と呼ばれる磯は冬の季節風を回避できるポイントで小荒れの日がよい。秋はアオリイカもよく釣れる。

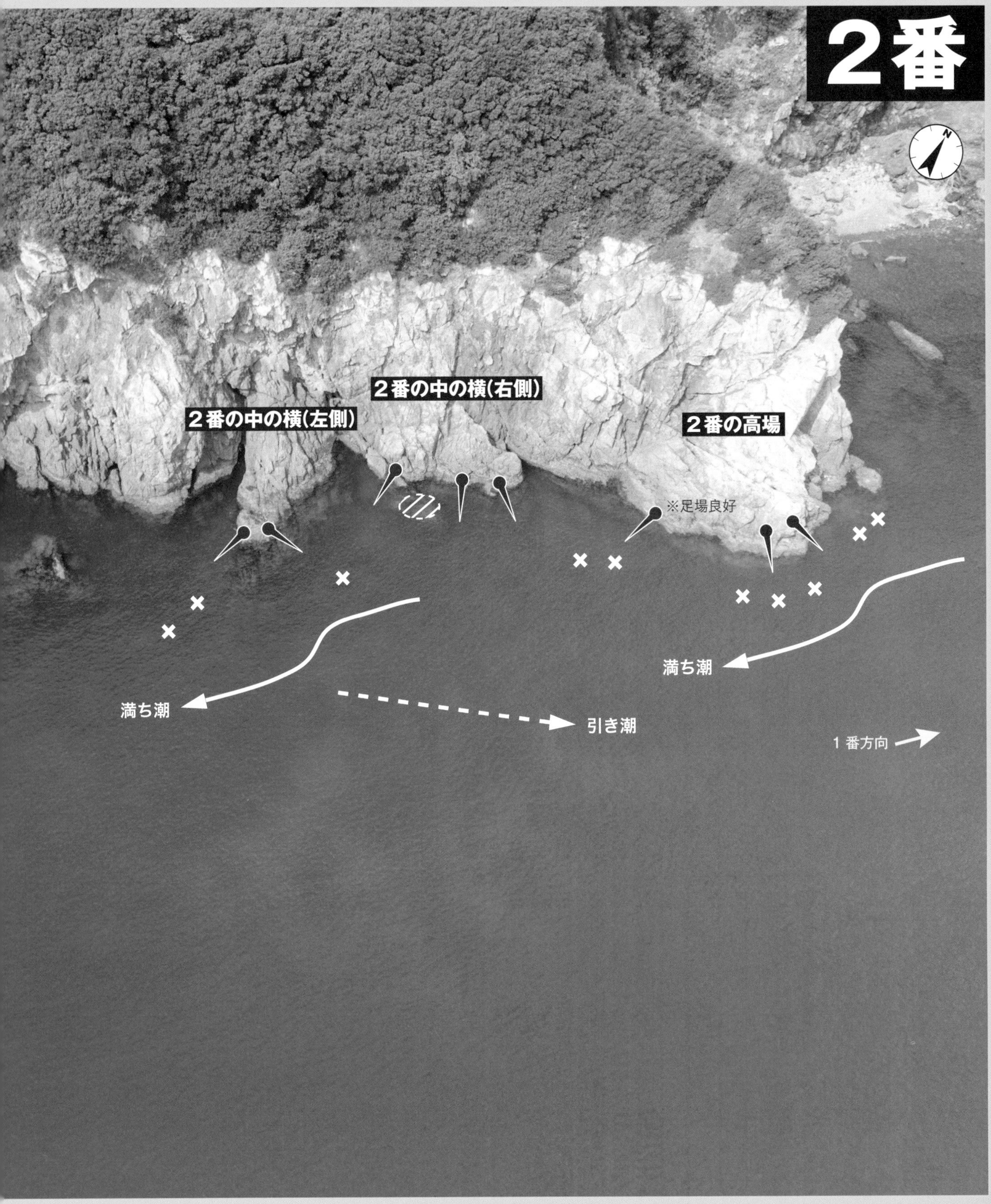
2番
2番の中の横(右側)
2番の中の横(左側)
2番の高場
※足場良好
満ち潮
満ち潮
引き潮
1番方向

【2番】小潮の日はイマイチ、中〜大潮回りをねらう。秋〜冬〜春、梅雨時期はクチブトグレ、マダイ、シマアジ、ハマチなどがフカセ、カゴ釣りで両潮ねらえる。青ものはルアーも面白い。底物のイシダイポイントもある。

【2番の中の横】クチブトグレ、アイゴは2番方向の満ち潮をねらう。寒グレの時期は風裏になり中型メインに良型も出る。海から見て右側はめったに磯上がりしない。荒天時の逃げ場。

【2番の高場】寒グレによい満ち潮の釣り場で中型以上が手堅く釣れる。カゴ釣りのマダイ、ルアーの青ものも面白い。海に向かって右は足場がよく釣りやすい。

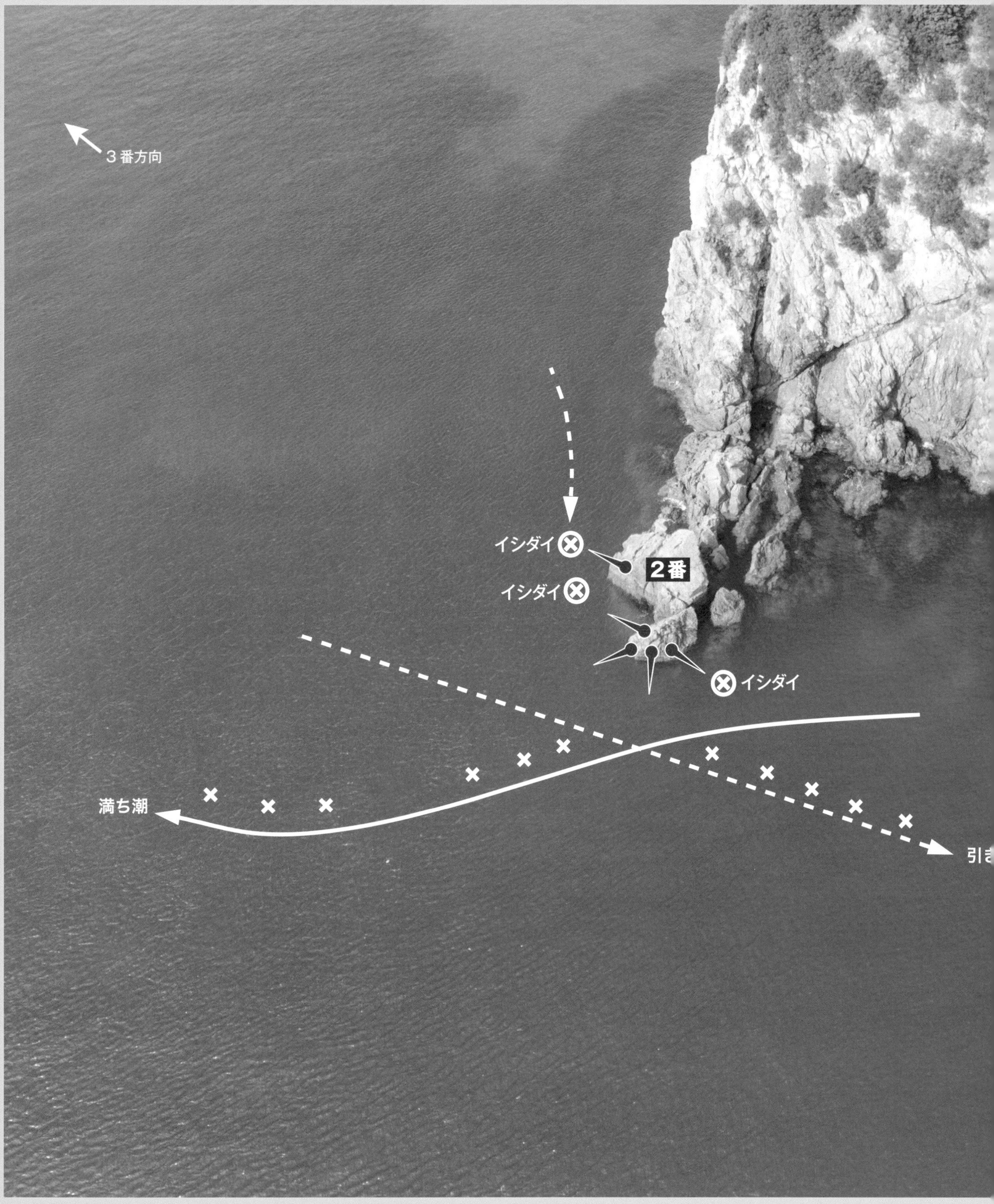

３番方向
イシダイ
２番
イシダイ
イシダイ
満ち潮
引

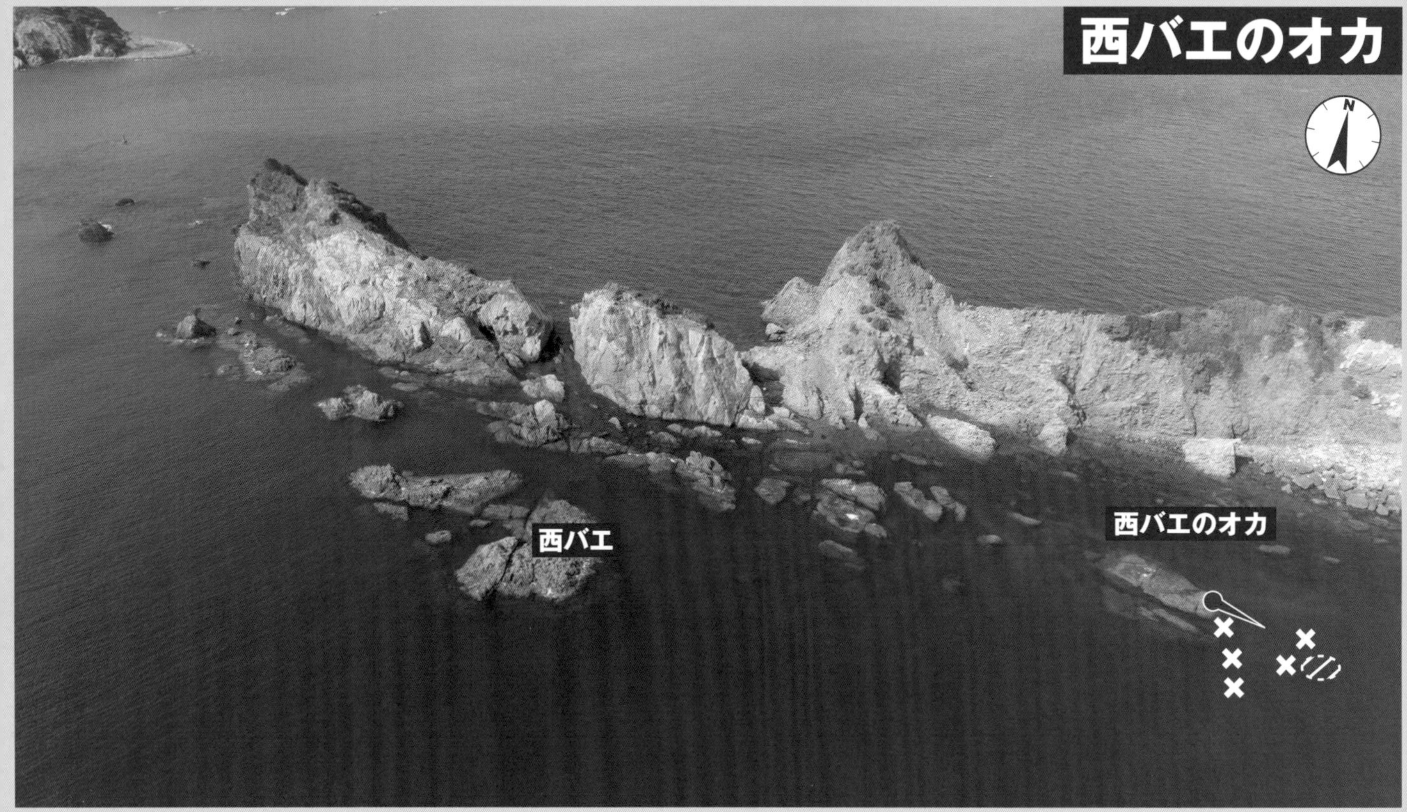

釣り人が多い時のサブポイント。南寄りのウネリにも弱い。北西風がきつい時も背後の山が低いので強風が吹き付ける。寒グレシーズン初期はそこそこ釣れる。水深がなくシモリが多いので寒グレ終盤は釣果がのびない。

[西バエ] 満ち潮がメインの釣り場。寒グレは良型、梅雨時期も釣れるが小型が多い。フカセは南向きが本命で約 15m 沖に仕掛けを投入し流し込む。グレの他、マダイ、イサギ、青ものがねらえる、ルアーも OK。引き潮時は船着きから 2 番方向をねらう。磯の裏側ではサラシが大きいときにヒラスズキ、秋はアオリイカがよく釣れる。
[西バエの横] 引き潮がメイン。フカセ、ルアーとも正面もしくは小高との水道をねらう。

3番の横・小高

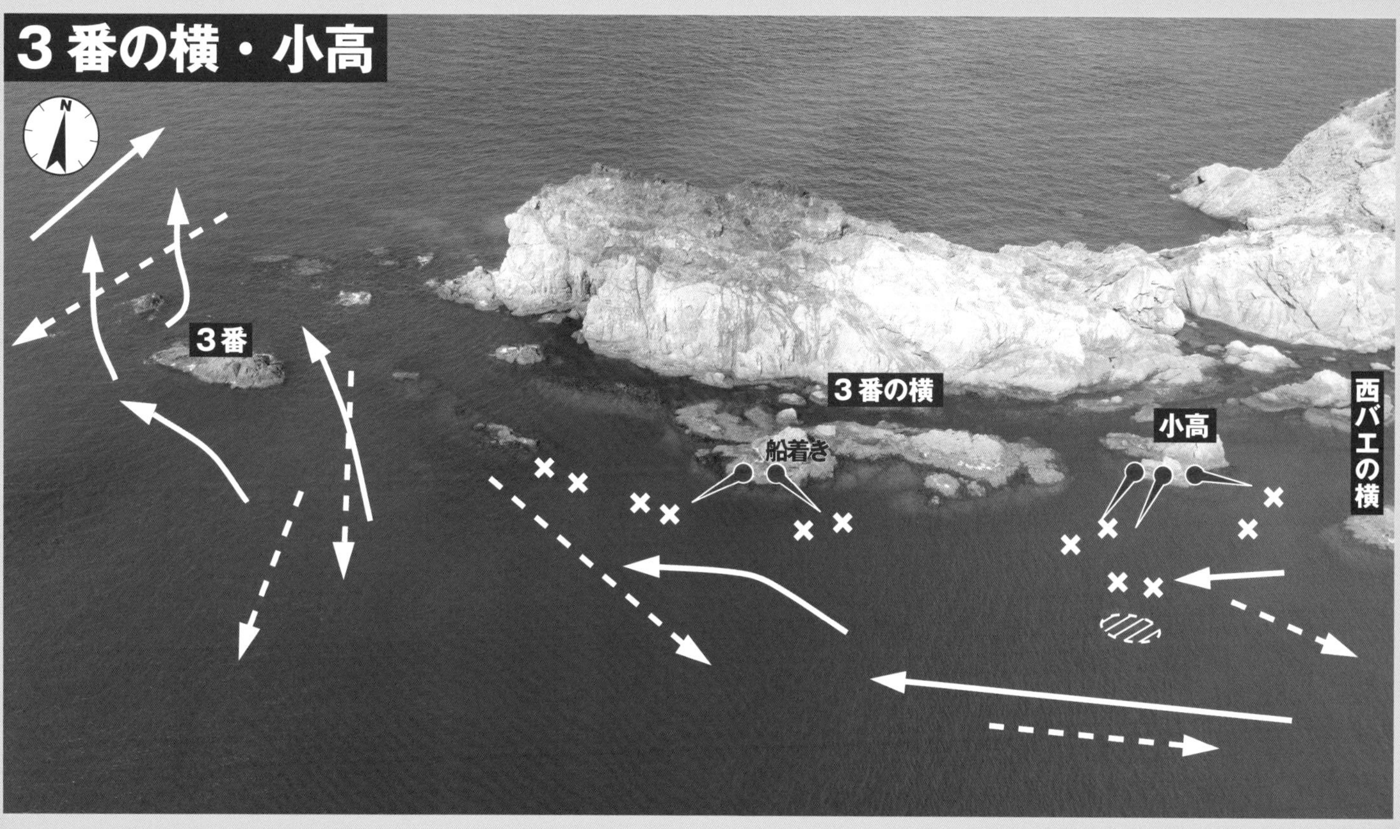

［3番の横］ 寒グレがメインだが梅雨もOK。クチブトが中心。アイゴは35〜40cmの良型が釣れる。満ち潮は3番向き、引き潮は船着きの真下をねらうとよい。

［小高］ 満ち潮の釣り場でグレは斜め前方25m付近にあるシモリをねらう。西バエの横との水道もねらいめ。クチブトメインだがオナガがまじることも。アイゴは良型が出る。

3番・4番

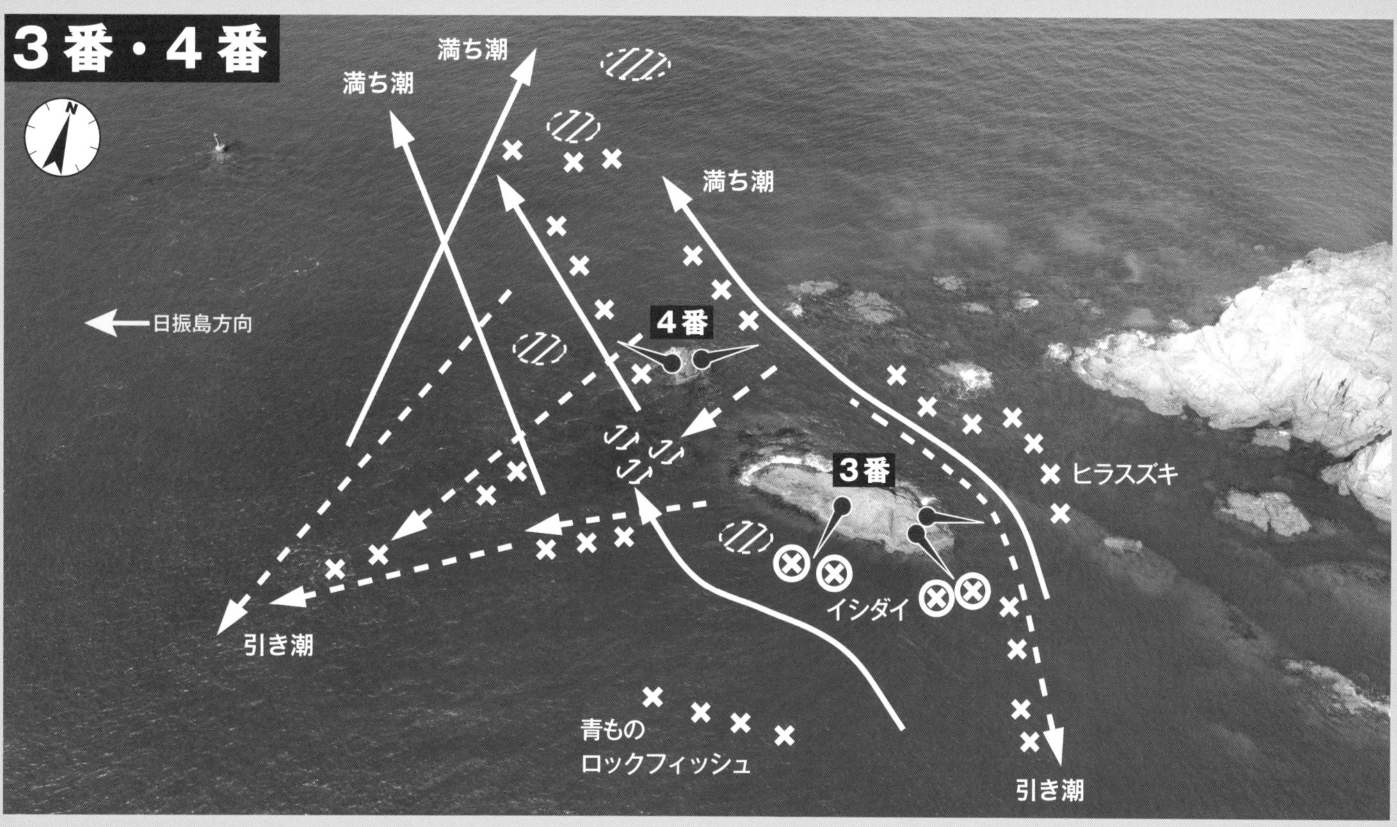

［3番］ グレ、マダイ、イサギ、青もの、イシダイと何でもねらえる。主に引き潮時の釣り場で両サイドからサオが出せる。イシダイは満ち潮がチャンス。ルアーの青もの、ロックフィッシュ、ヒラスズキも1級。

［4番］ 寒グレ、梅雨グレがメイン。両潮ねらえるが満ち潮がベスト。フカセでマダイもOK。潮流が非常に速い本流釣り場。シモリが多く取り込みは要注意。

北の1番・2番

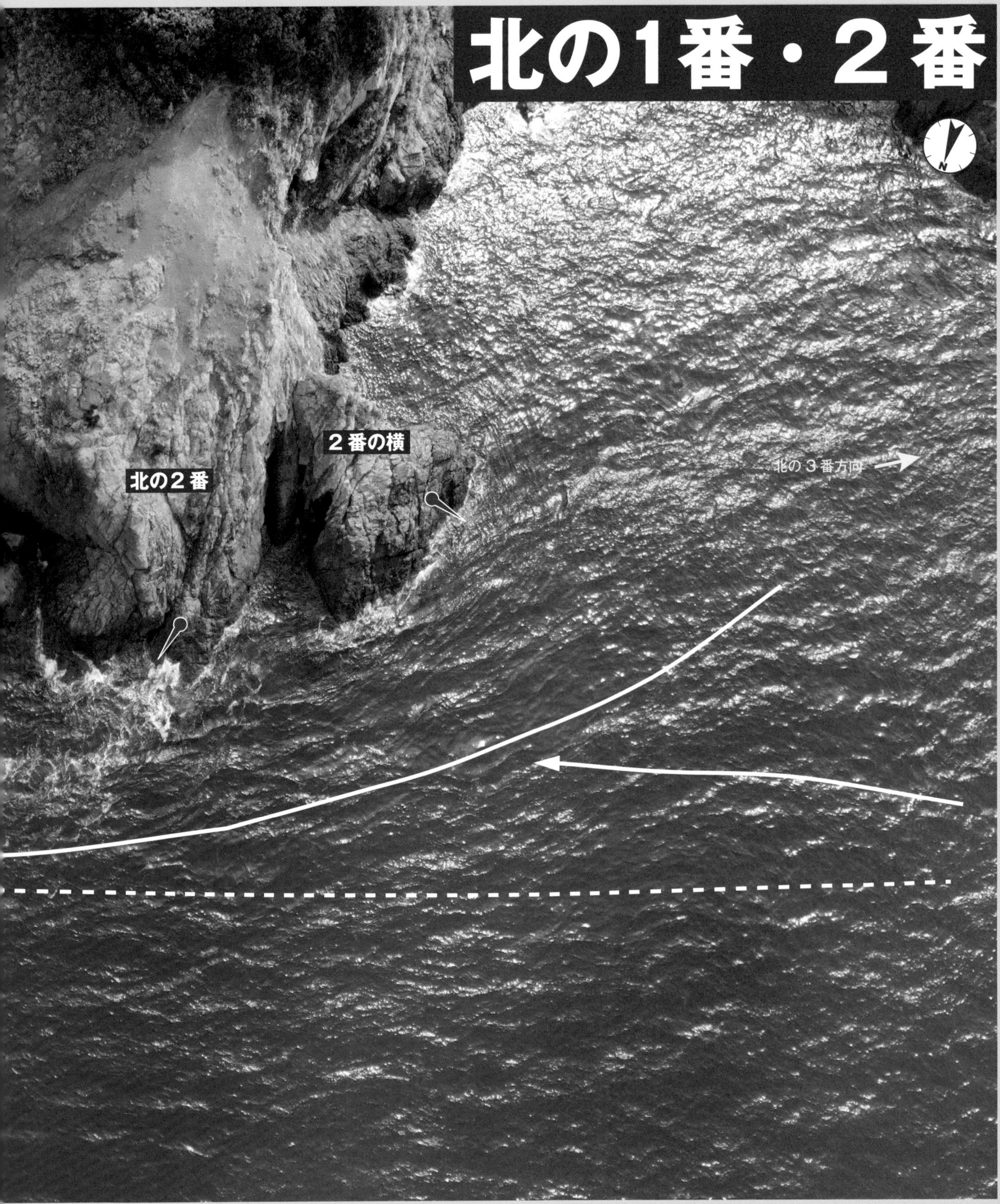

【北の１番】 フカセ、カゴ釣りとも両潮ねらえる。グレは引き潮、マダイや青ものは満ち潮がチャンス。潮が非常に速いので本流脇のヨレに仕掛けを入れるとよい。ルアーもA級ポイントで青もの、ヒラスズキが有望。写真左上の浜をヒラスズキねらいで釣り歩く。

【北の２番】【２番の横】 グレ場。大潮の日は渡船が磯着けできないほど潮が速く小潮の日でも潮止まり前後しか渡船できない。特に満ち潮時は潮が速すぎて釣りにならなず、やや潮が緩む引き潮にねらいを絞る。マダイや青ものはねらいにくい。

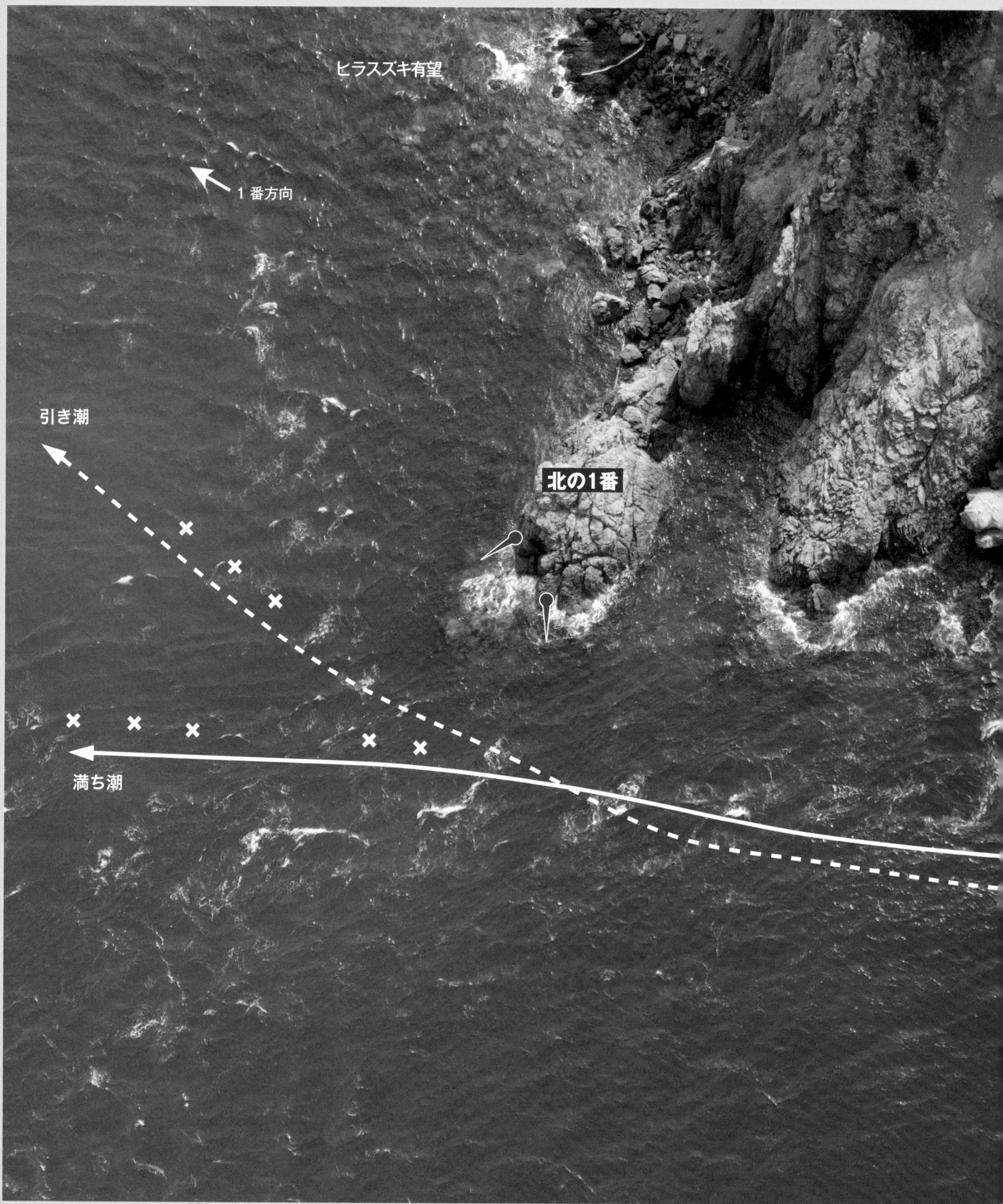
ヒラスズキ有望
1 番方向
引き潮
北の1番
満ち潮

北の中周辺

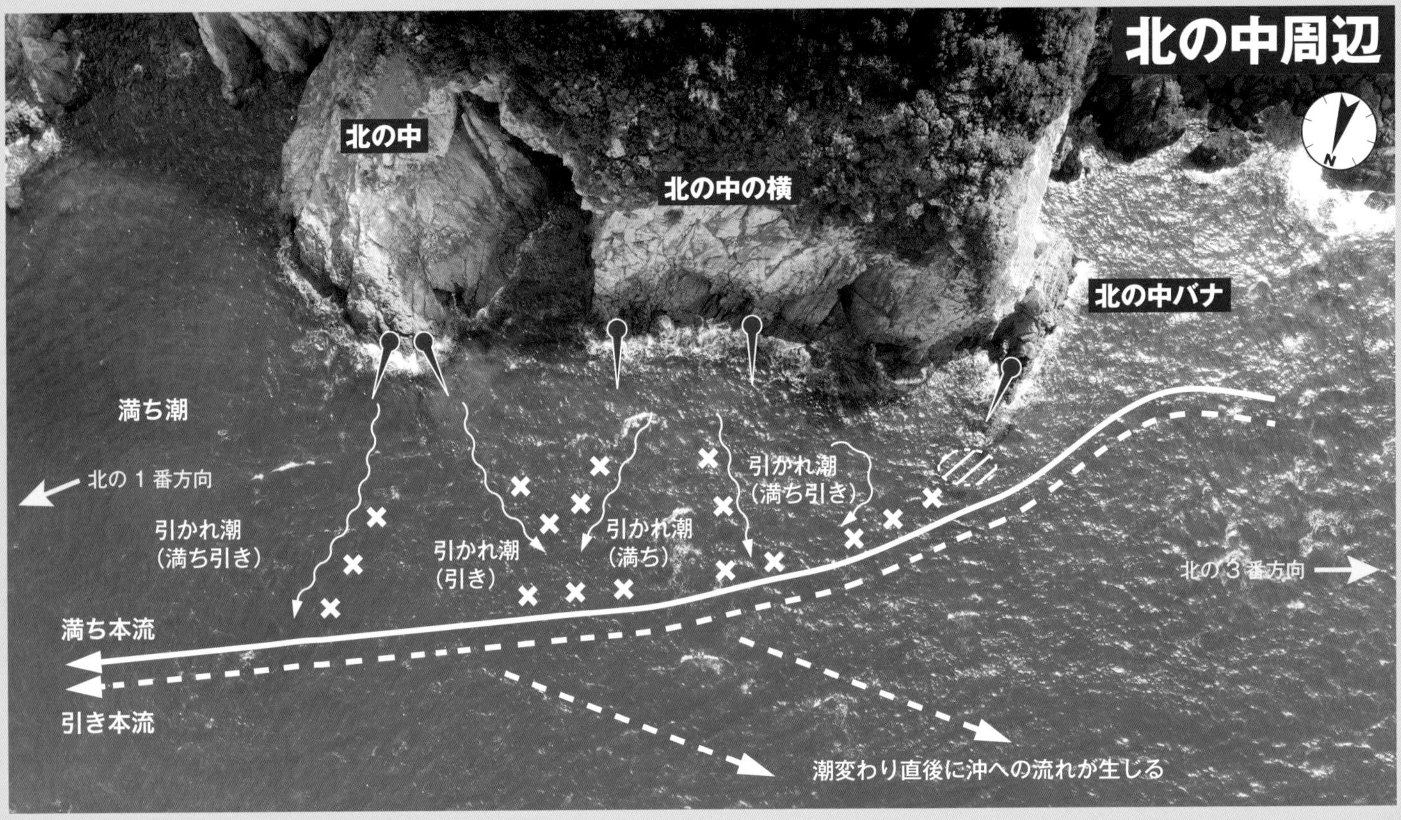
N
北の中
北の中の横
北の中バナ
満ち潮
北の１番方向
引かれ潮
（満ち引き）
引かれ潮
（引き）
引かれ潮
（満ち）
引かれ潮
（満ち引き）
北の３番方向
満ち本流
引き本流
潮変わり直後に沖への流れが生じる

[北の中] 両潮ねらえるが特に引き潮がよい。**[北の中の横] [北の中バナ]** 両潮ねらえるが満ちがよい。各磯とも春、梅雨、秋の釣り場。南風が強い日の逃げ場のありがたいポイント。冬は北西風が弱い日、のみだが上がれればグレはよく釣れる。グレはフカセで、マダイ青ものはカゴ釣り。青ものはルアーも楽しい。

北の３番・４番

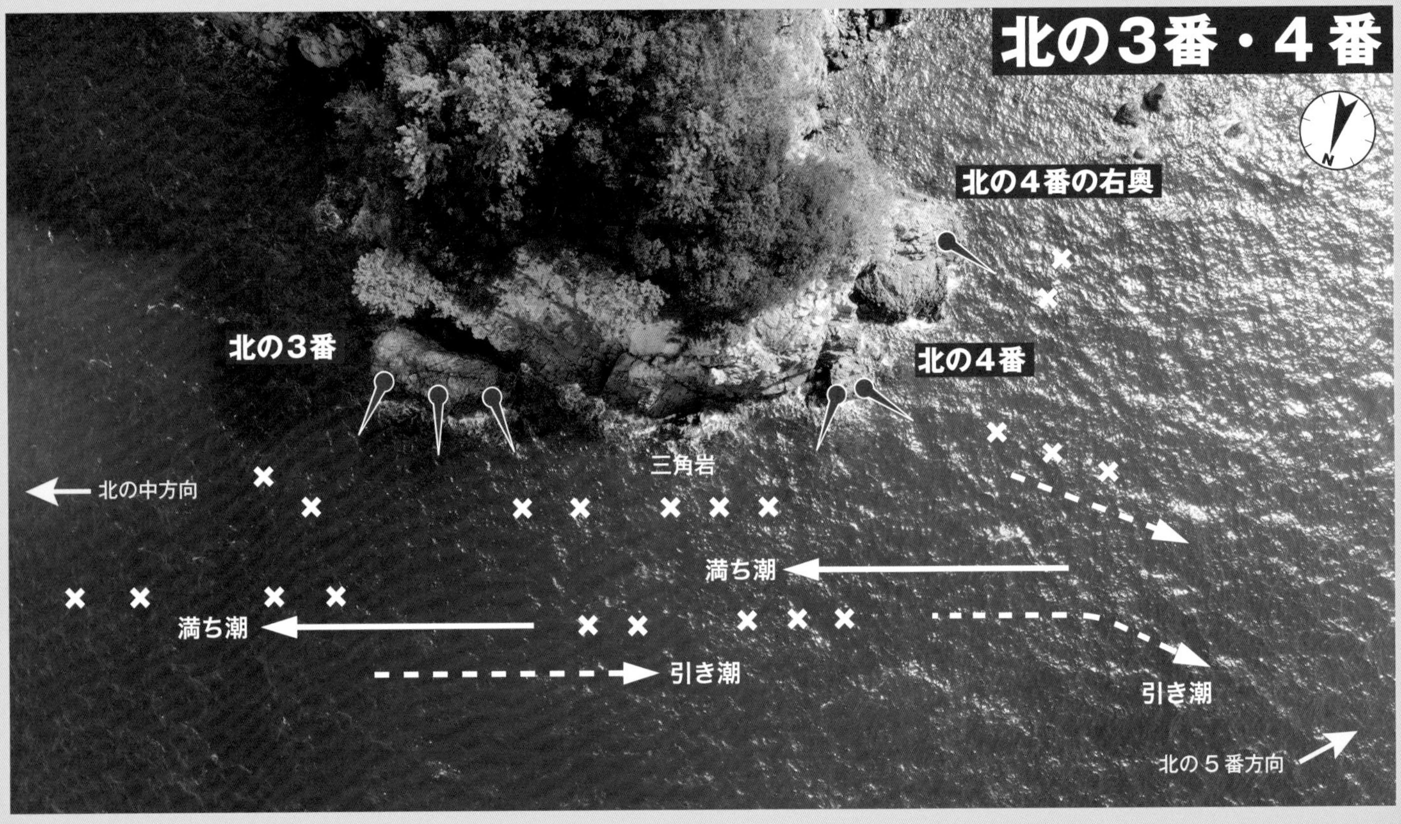
N
北の４番の右奥
北の３番
北の４番
三角岩
北の中方向
満ち潮
満ち潮
引き潮
引き潮
北の５番方向

[北の３番] 足場がよく仕掛けを遠投しやすいのでマダイ、青もの、イサギねらいのカゴ釣りで人気がある。両潮OK。イサギは年中、フカセでグレをねらうなら冬だが北西風が強いと磯上がりできない。
[北の４番] ３番と大差ないがフカセのグレ、カゴ釣りともに引き潮がよい。満ち潮時のフカセは３番との間にある三角岩の前を釣る。３番、４番とも潮止まりの時間が長いので辛抱が肝心。

北の５番

北の５番左奥
アオリイカ
北の５番
北の６番方向
北の４番方向

【北の５番】 足場が狭いうえに傾斜している。定員１人。荷物は傾斜を上がった所に置いて釣る。北西風が吹く日は磯上がり不可。グレは両潮釣れる。

【北の５番の左奥】 どちらかというと南からの風やウネリが強い時の逃げ場だが、グレはけっこう釣れる。カゴ釣り、ルアーの青もの、マダイもOK。秋はアオリイカも面白い。

北の６番・７番

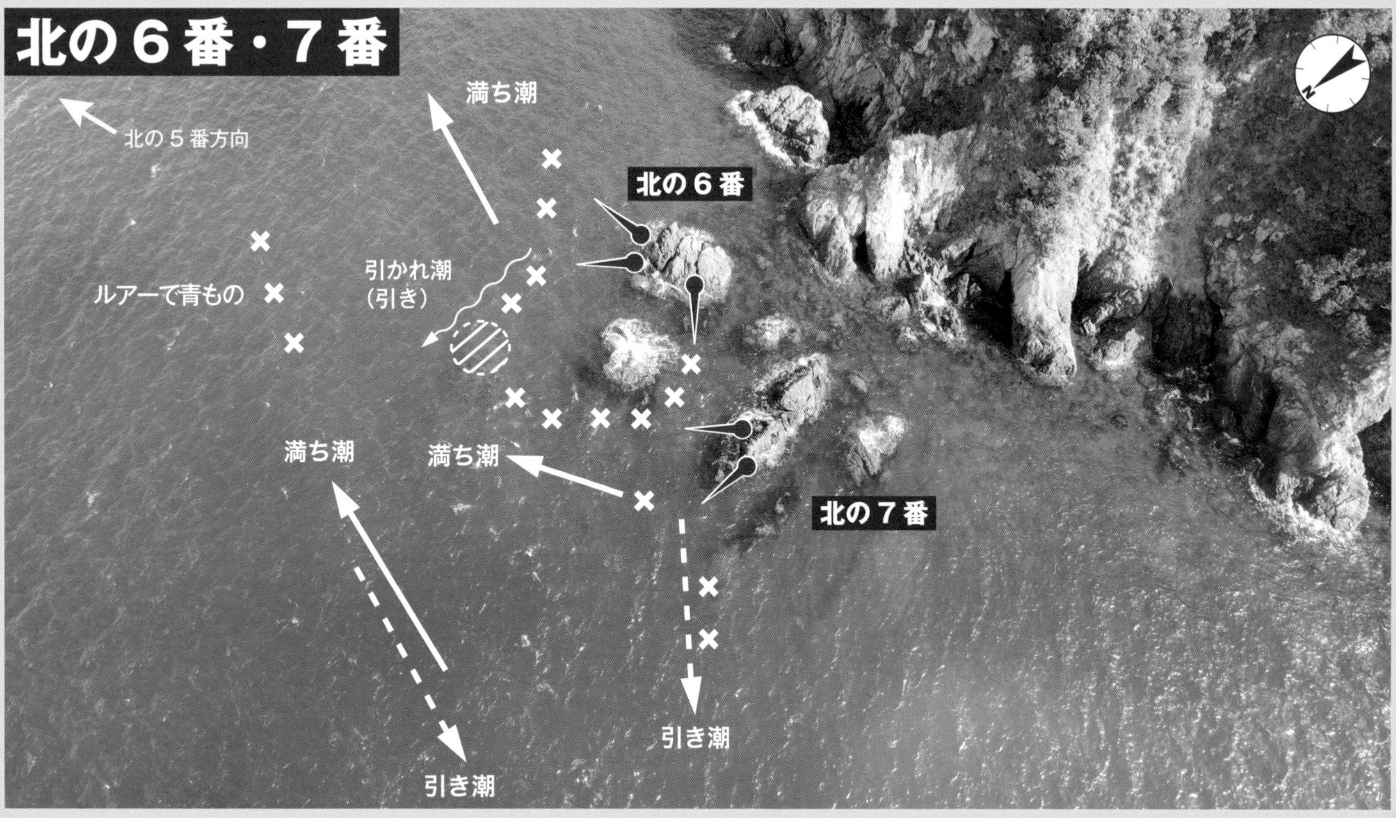
満ち潮
北の５番方向
北の６番
引かれ潮
（引き）
ルアーで青もの
満ち潮
満ち潮
北の７番
引き潮
引き潮

【北の６番】 梅雨、秋〜春のグレ釣り場。前方のシモリ際、７番との間をねらう。沖はルアーの青ものによい。

【北の７番】 沖から見ると薄く高い屏風のような磯。磯の周囲に点在するシモリをねらえば中〜良型のクチブトグレが釣れる。

横島
早磯の瀬戸
早磯１番
早磯２番
早磯３番
早磯４番
Area
5番

早磯《はやそ》〜6番

■グレは小型が非常に多い。2～3月の水温が下がった時期に小型が少なくなると良型が期待できる。北西の季節風にも強く寒の時期は釣りやすい。西寄りの風が吹く大荒れ時は早磯周辺で40cm台後半のグレが混じって釣れる。小荒れなら6番周辺、5番は満潮をさけてナギ限定のA級磯。ルアーなら早磯1番で青ものやヒラスズキ、3番でも青ものが有望。水道が目の前で潮通しが速そうだが、速く流れるのは1番のみ。2～4番はゆったり流れる。

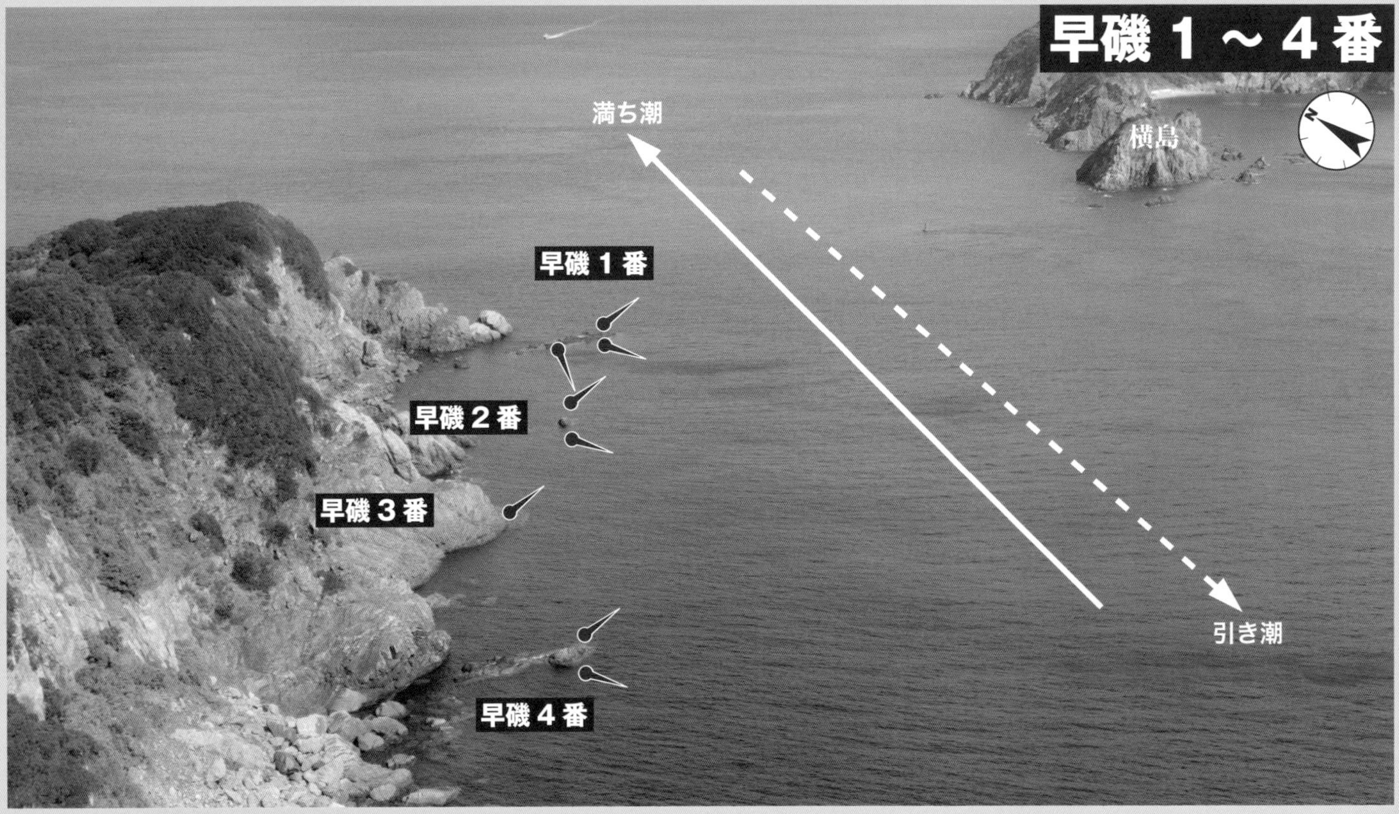
早磯１～４番
満ち潮
横島
N
早磯１番
早磯２番
早磯３番
引き潮
早磯４番

寒グレの釣り場。初夏～秋はコッパグレが異常に多い。冬場、北西の季節風が強い日は特に３番と４番がよい。１番は満ち引き両潮に仕掛けを乗せた流し釣り。２番は満ち潮でシモリ際ねらい。３番は引き潮時に横島方向を釣る。４番は満ち潮時、沖側全体がポイント。なお１番はヒラスズキも有望。小荒れの日はとくによい。初夏～初冬、ルアーで青ものが釣れる。３番も初冬にルアーで青ものが釣れる。

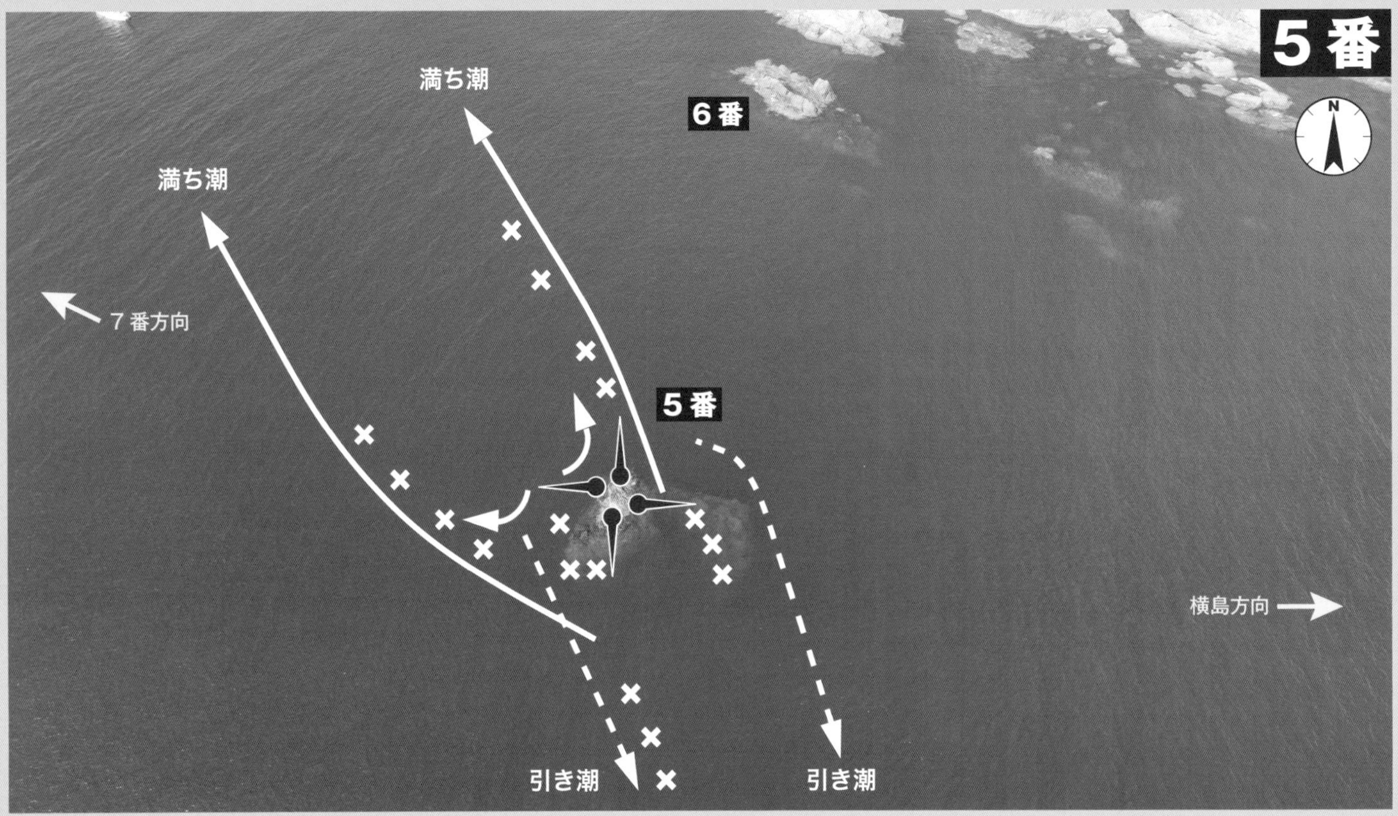
5番
満ち潮
6番
N
満ち潮
７番方向
5番
横島方向
引き潮
引き潮

潮通しがよい釣り場でグレは秋～冬～春～梅雨とロングランで釣れる。満ち潮時はクチブトメインにイサギがまじる。７番方向にサオ下から80mほど沖まで仕掛けを流す。引き潮時は南側と東側にあるシモリ際をねらうのが正解。南、南東方向は急深、50m沖で水深60mまで落ち込む。50～100m沖まで流すとマダイ、イサギ、青ものがねらえる。

6番

【6番】小型も多いが良型も釣れる寒グレ、梅雨グレのポイント。イサギはフカセでもカゴ釣りでもOK。両潮釣れるが満ち潮がベター。磯の中央には底物（イシダイ）ポイントあり。
【6番の地】左右の釣り座とも寒グレはよい。良型が混じる。6番の地の左奥は5番の潮待ち場、荒天時の逃げ場。南ウネリの日はヒラスズキも釣れる。初夏、初冬に多い。

門

門（もん）は寒グレがメインの釣り場。満ち潮時に中型が多いが時に大型も出る。引き潮のときは「右奥」から6番向きで良型が出るが数は少ない。冬場はフカセでイシダイも釣れる。

7～8番のオカ

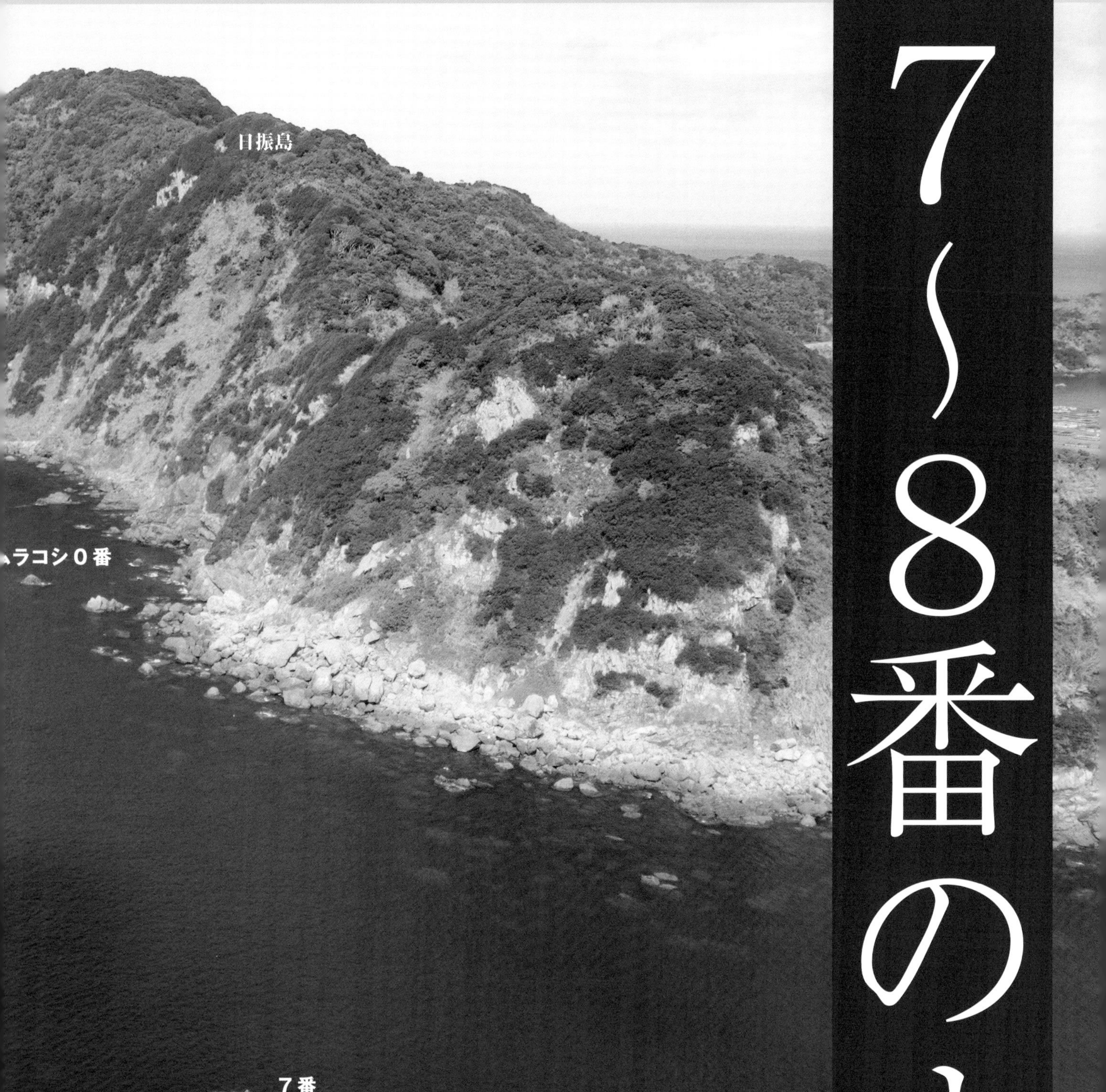

■7番、8番は1級磯でグレはオナガもよくまじる。ムラコシ周辺は潮もゆったりしており北西風の陰にもなるため寒グレシーズンは人気がある。35～45cmをレギュラーに時折50cmクラスも出る。ルアーで青ものやヒラスズキをねらうなら7番と8番が有望だ。

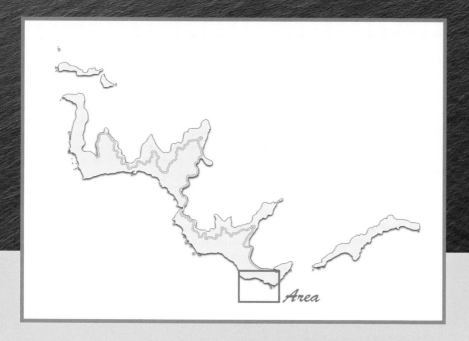

7番

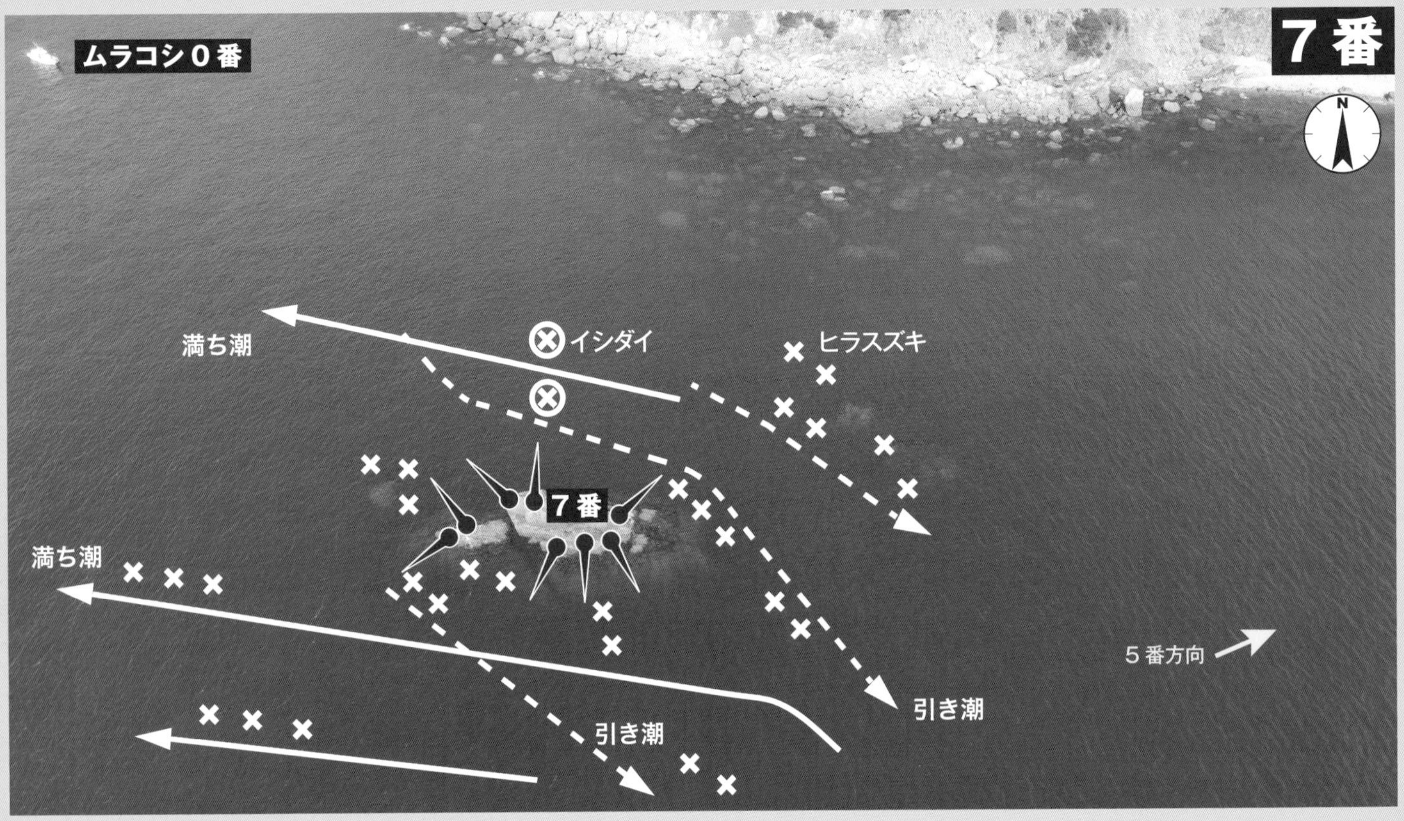
ムラコシ０番
満ち潮
イシダイ
ヒラスズキ
7番
満ち潮
引き潮
引き潮
５番方向

両潮ねらえるグレ釣り場。クチブトがメインだが春～秋はオナガがねらえる。フカセ釣り、カゴ釣りとも沖向きの遠投でイサギ、マダイ、青ものがOK。本島向きにはイシダイのポイントもある。ルアーでは沖向きで青もの、ロックフィッシュ、本島向きのシモリ周りでヒラスズキがねらえる。

7番のオカ～ムラコシ０番

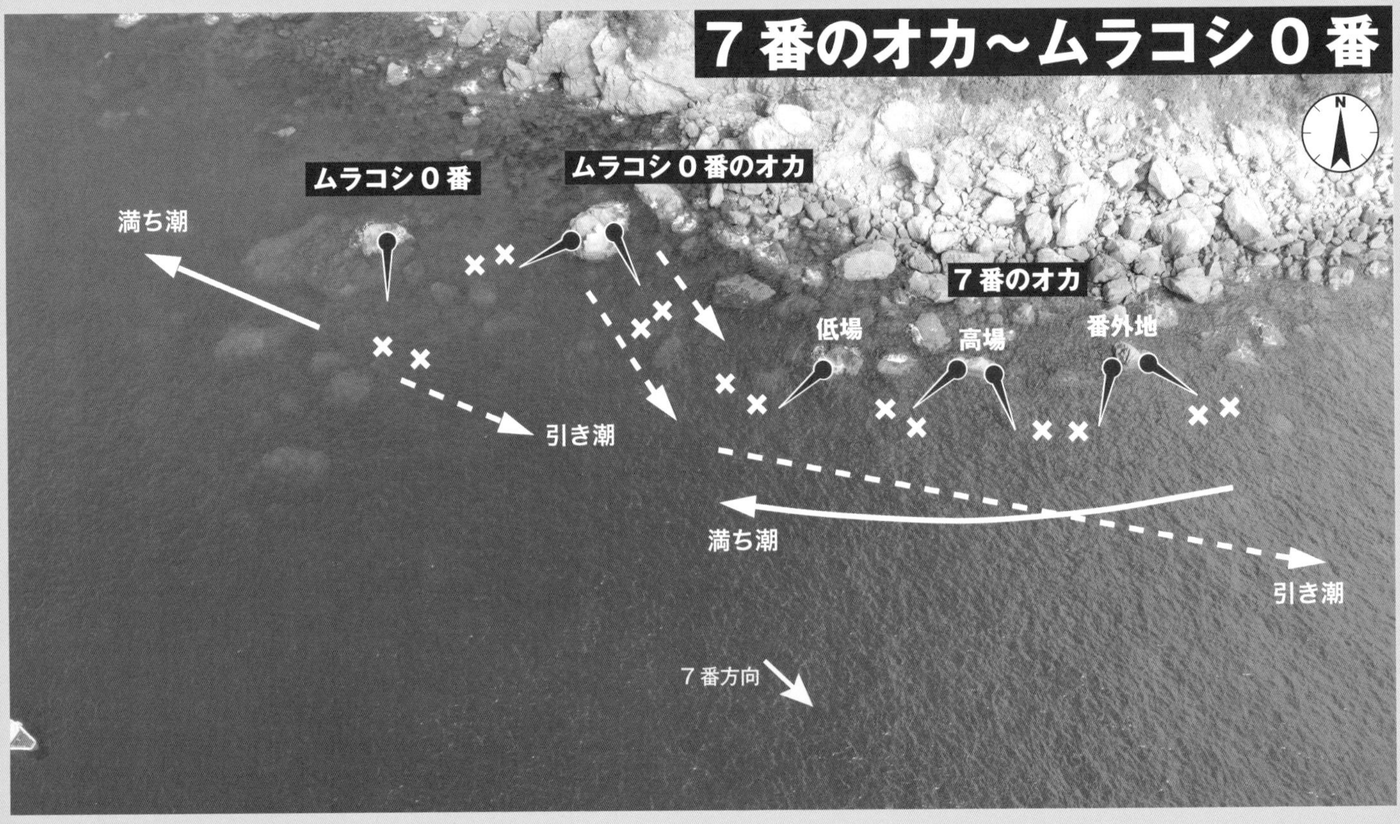
ムラコシ０番
ムラコシ０番のオカ
満ち潮
7番のオカ
低場
高場
番外地
引き潮
満ち潮
引き潮
７番方向

【ムラコシ０番】 真冬の穏やかな日にねらう寒グレ釣り場。良型が出るが北西風が強い日は釣りにならない。引き潮のときに点在するシモリの間を釣る。

【ムラコシ０番のオカ】 グレは引き潮時の７番向きにあるシモリの手前をねらう。

【7番のオカ】 低場は満ち潮、高場と番外地は引き潮のときにグレが有望。

ムラコシ１番

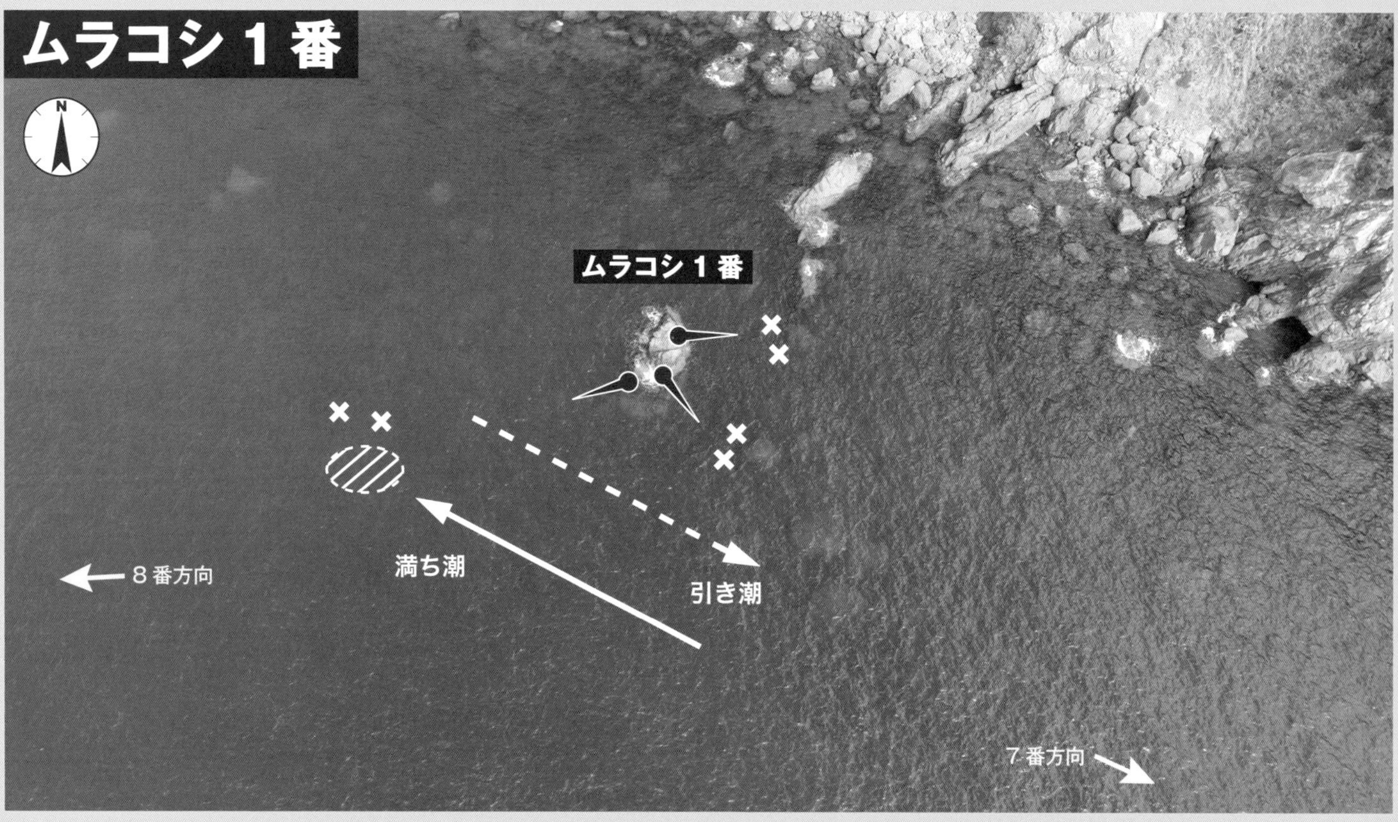

ムラコシ１番
満ち潮
引き潮
８番方向
７番方向

寒グレ、梅雨グレともクチブトがメイン。両潮ねらえるが特に満ち潮がよい。本命は沖向き右 20m 付近にあるシモリの手前。小荒れの日がよいが北西風が強いときは７番向きや陸向きのシモリをねらうとよい。

ムラコシ２番周辺

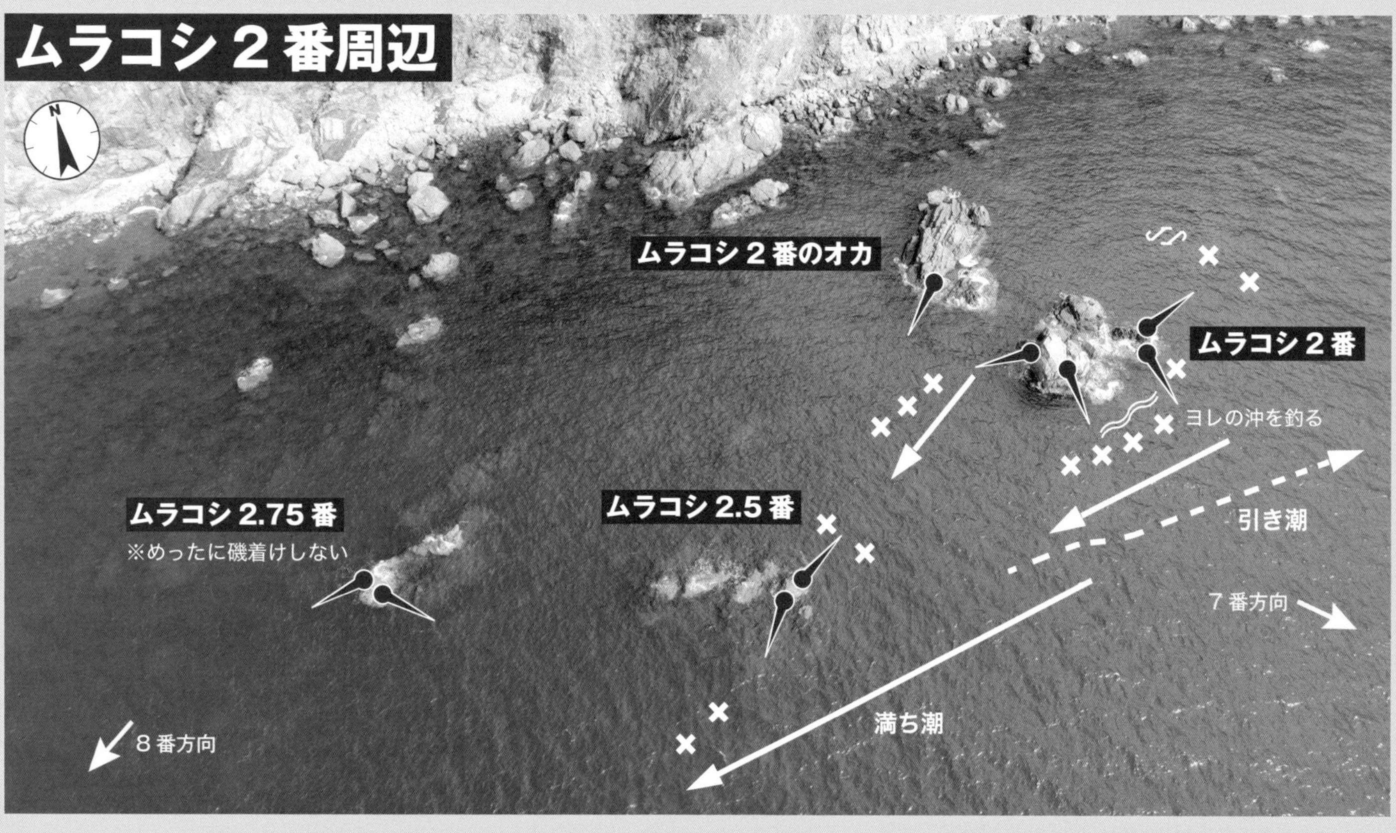

ムラコシ２番のオカ
ムラコシ２番
ヨレの沖を釣る
ムラコシ 2.75 番
※めったに磯着けしない
ムラコシ 2.5 番
引き潮
７番方向
満ち潮
８番方向

［ムラコシ２番］ クチブトメインの寒グレ、梅雨グレポイントで本命は満ち潮。引き潮のときは釣果が落ちる。特に寒の時期は沖向きに出るサラシと満ち潮時に生じる潮のヨレの沖をねらうのが鉄板。裏向きの足場からは７番方向に遠投して釣る。８番方向をねらう場合、冬場は向かい風を辛抱しながらの釣りが多いものの良型が出る。

ムラコシ３番～ ８番のオカ

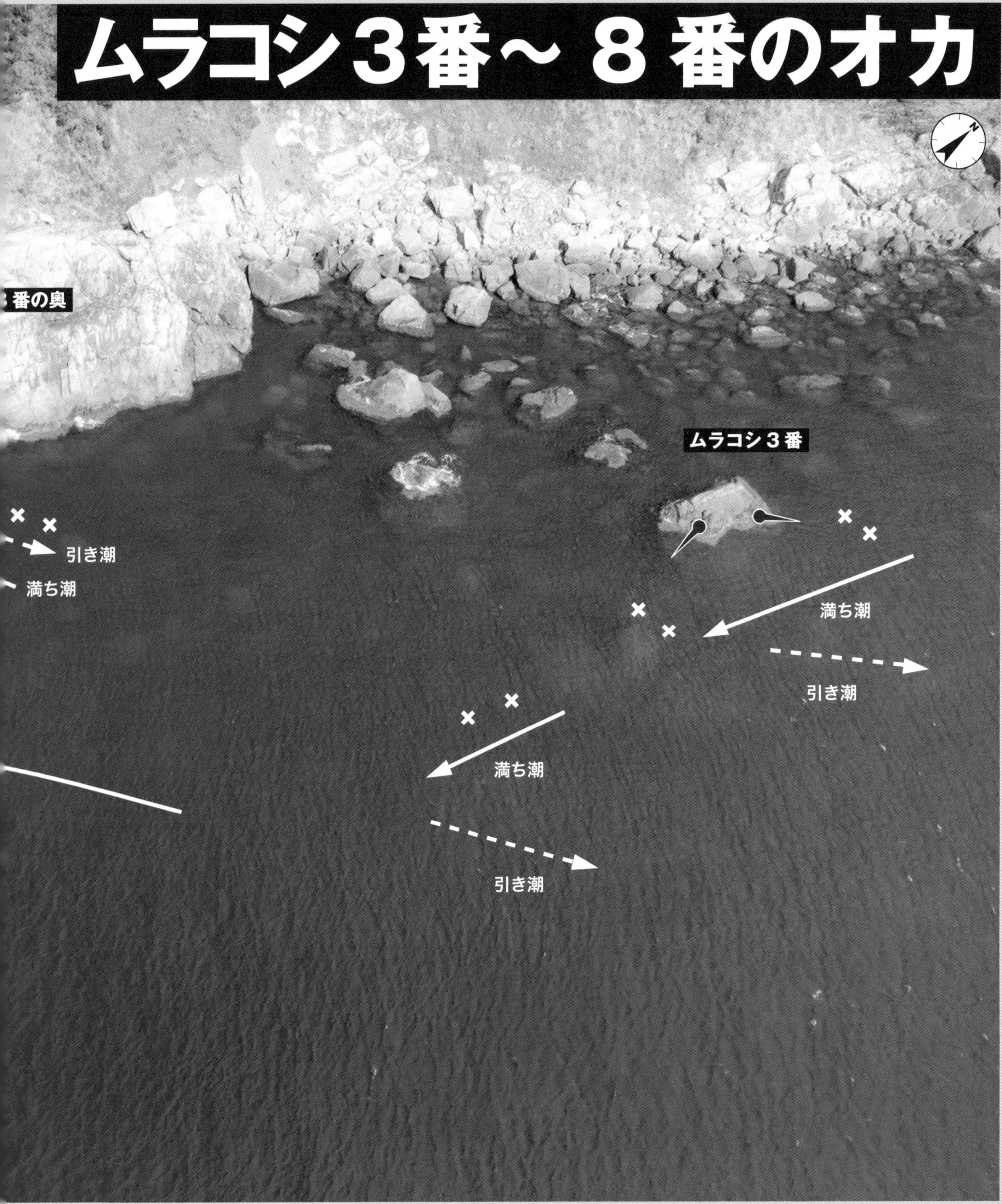

【ムラコシ３番】 グレはクチブトがメインだがオナガも出る。マダイも多い。満ち潮のときに８番方向 10m ほど沖にあるシモリが目標。潮がよいときはシモリを越して 20 ～ 30m 流す。

【８番のオカ】 左の足場が本命。右は狭く足場が悪い。オナガも出るがクチブト中心。サオ下左に仕掛けを入れ満ち潮に乗せ右へ流す。ウキ下は２～３ヒロ。マダイ、青もの、アイゴも釣れる。

【８番の奥】 クチブトグレが中心、北西風に強く冬場に人気。朝は食いが悪いが渡船見回り以降に食いが上向くことが多い。ウキ下 2.5 ～３ヒロで沖をねらうが食いが立つと手前でも釣れるようになる。特にクチブトの大型が有望。

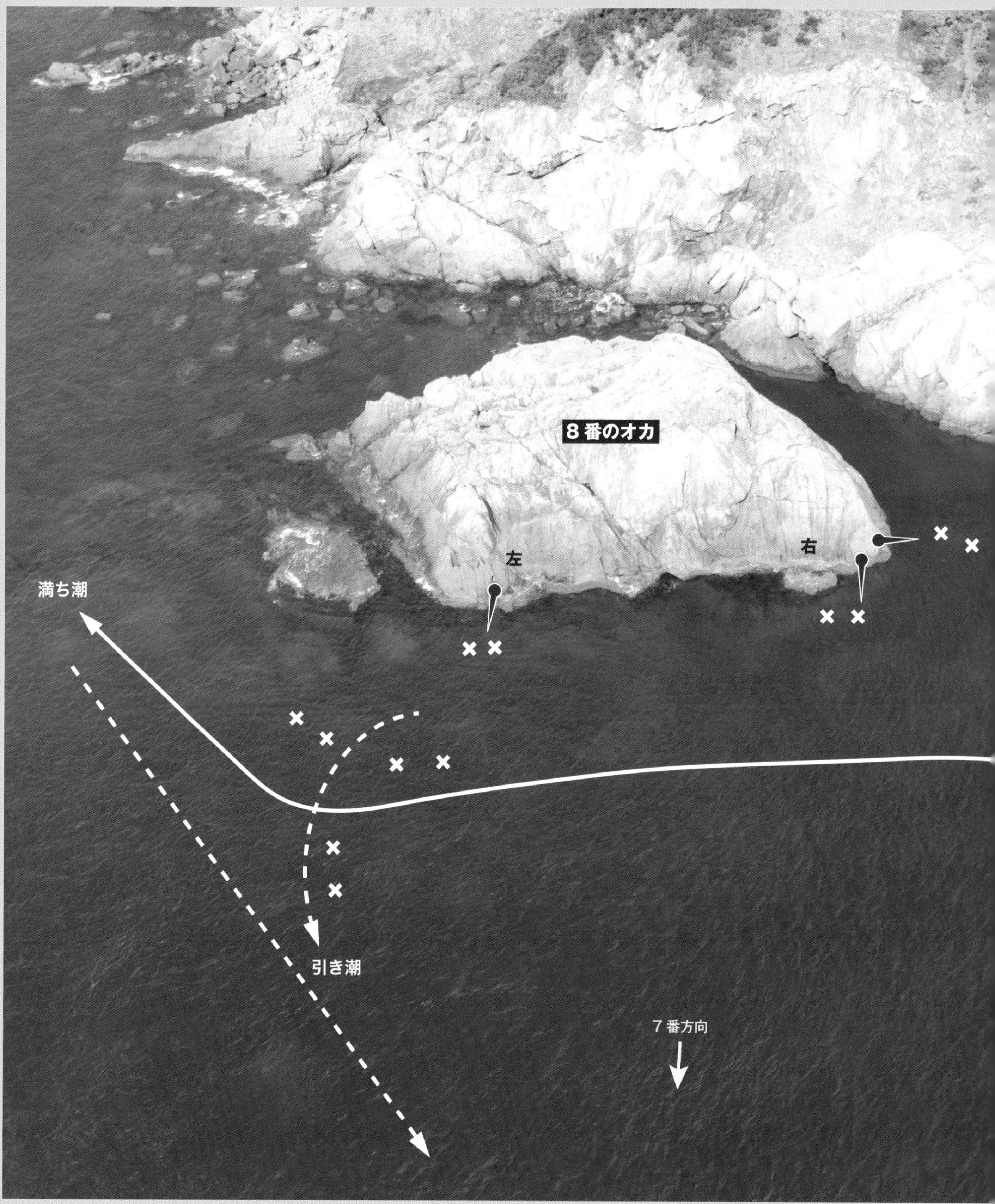
8番のオカ
左
右
満ち潮
引き潮
7番方向

8番～イヨシバエ

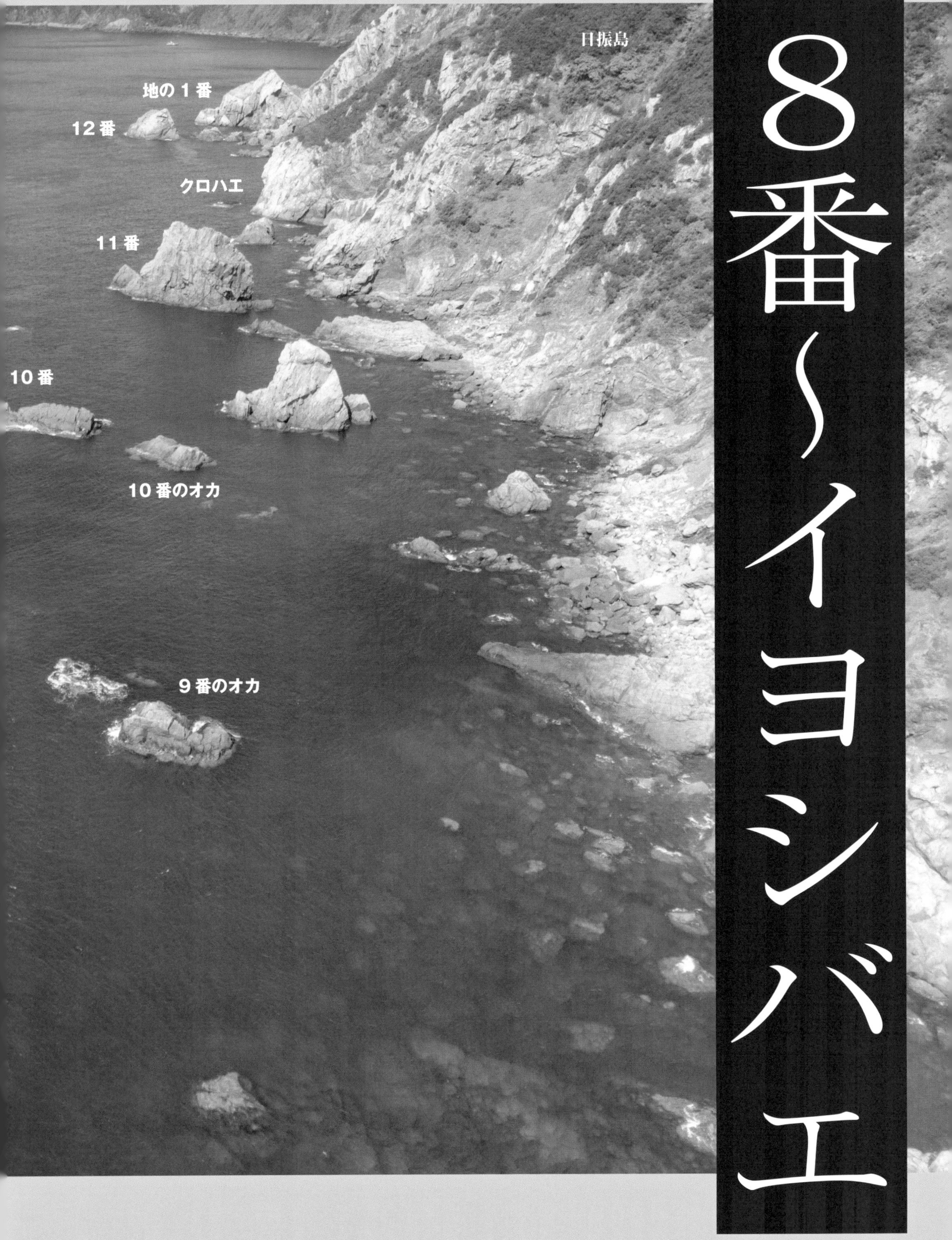
日振島
地の１番
12番
クロハエ
11番
10番
10番のオカ
９番のオカ

■このエリアは潮通しがよくオナガグレがまじる確率が高い。日振島でも有数のオナガ場で特に8番、8番のオカ、9番、9番のオカ、10番、10番のオカ、11番、12番、マルバエなどが有望。サイズは35〜45cmが主体で、それ以上の大型の姿は見えるが太ハリスではなかなか食わないため掛けても取り込めないことが多い。カゴ釣りのマダイ、イサギねらいで人気があるのは12番。ルアーは8〜10番の本島向きのサラシねらいでヒラスズキもよくヒットする。群れが回れば沖向きで青ものも有望。三角〜イヨシバエは寒グレ場。

8番

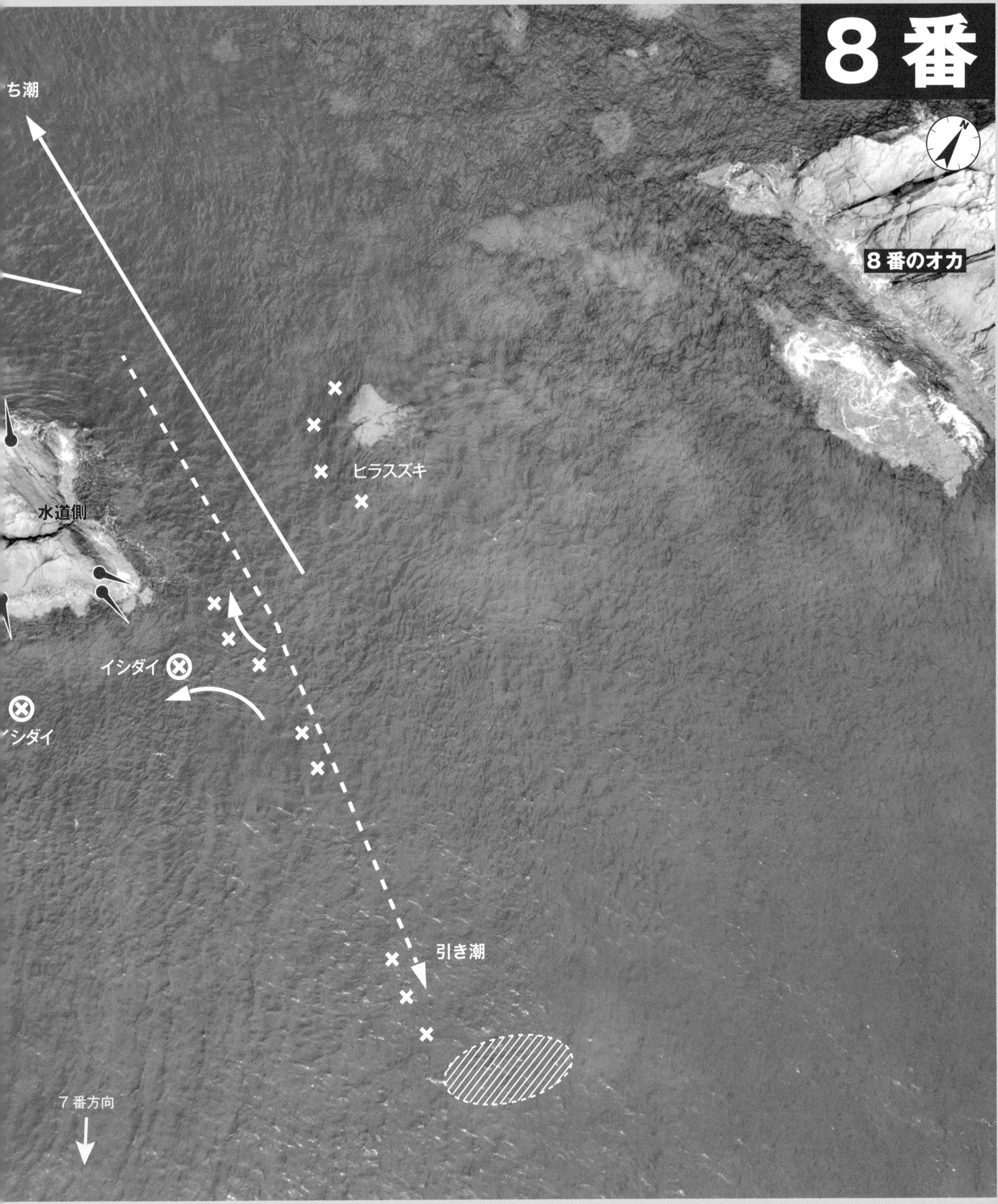
ち潮
8番のオカ
ヒラスズキ
水道側
イシダイ
シダイ
引き潮
7番方向

両潮ともによいＳ級磯。満ち潮なら先端、引き潮なら本島向き近くに移動しオナガグレ、クチブトグレが年中釣れる。マダイ、イサギ、青ものも多い。イシダイ、イシガキダイなど底物は胴で満ち潮時に有望だ。ルアーでは水道側のシモリでヒラスズキ。青ものねらいなら胴から南方向、先端から南西方向にキャストする。

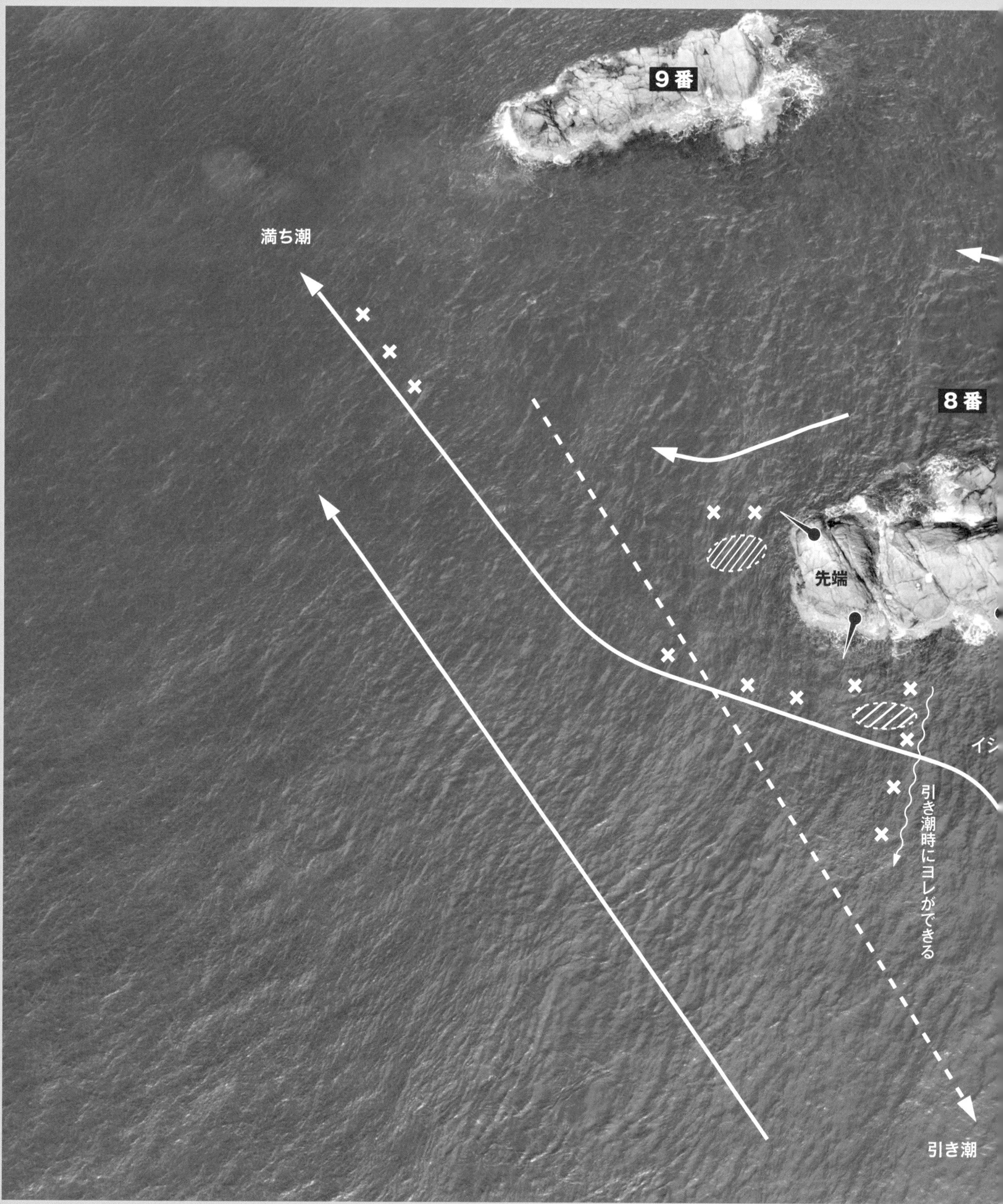
9番
満ち潮
8番
先端
引き潮時にヨレができる
引き潮

９番・９番のオカ

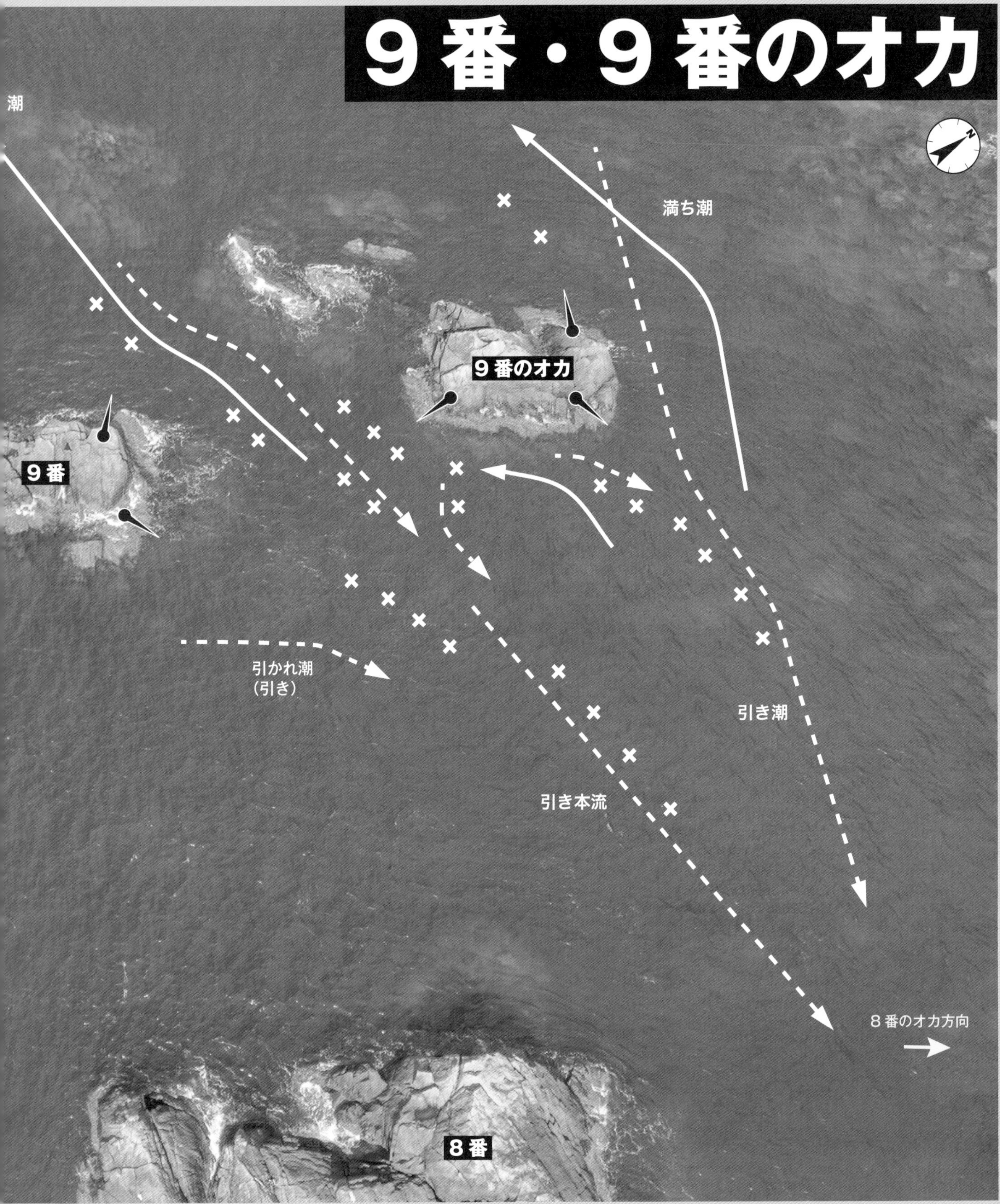
潮
満ち潮
９番のオカ
９番
引かれ潮
（引き）
引き潮
引き本流
８番のオカ方向
８番

【9 番】 グレは両潮 OK だが本命は引き潮。沸き返るほど速い本流が流れるので、その引かれ潮や本流脇のヨレを流し釣りするとオナガ、クチブトとも食ってくる。磯の中央から 10 番方向に引き潮時のイシダイポイントがある。

【9 番のオカ】 ここも引き潮が本命。オナガ、クチブトグレとも８番と８番のオカとの水道を目標にサオ下にできるヨレや本流脇に仕掛けを入れて流すとよい。

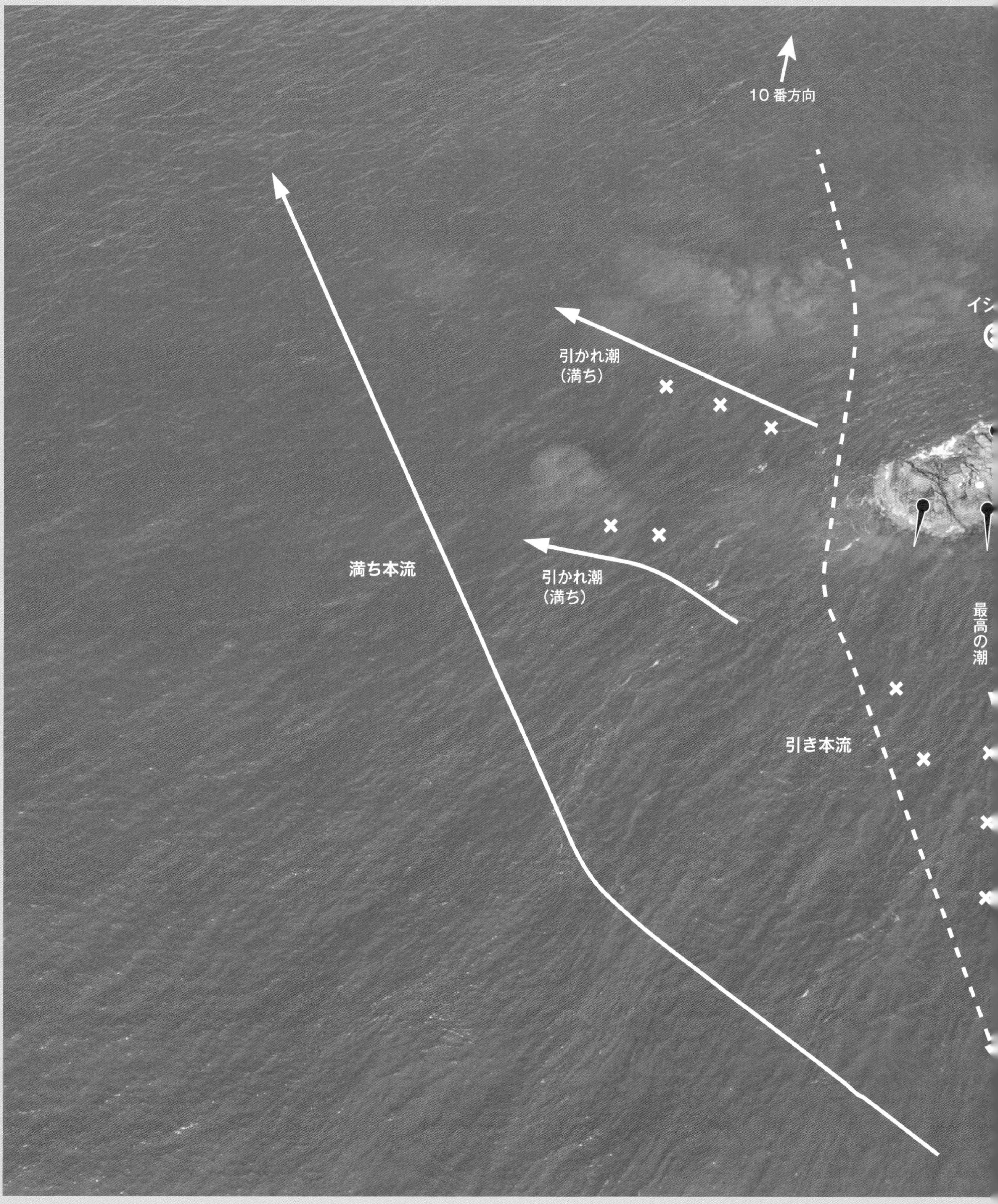

10番方向
引かれ潮
（満ち）
引かれ潮
（満ち）
満ち本流
最高の潮
引き本流

10番・10番のオカ

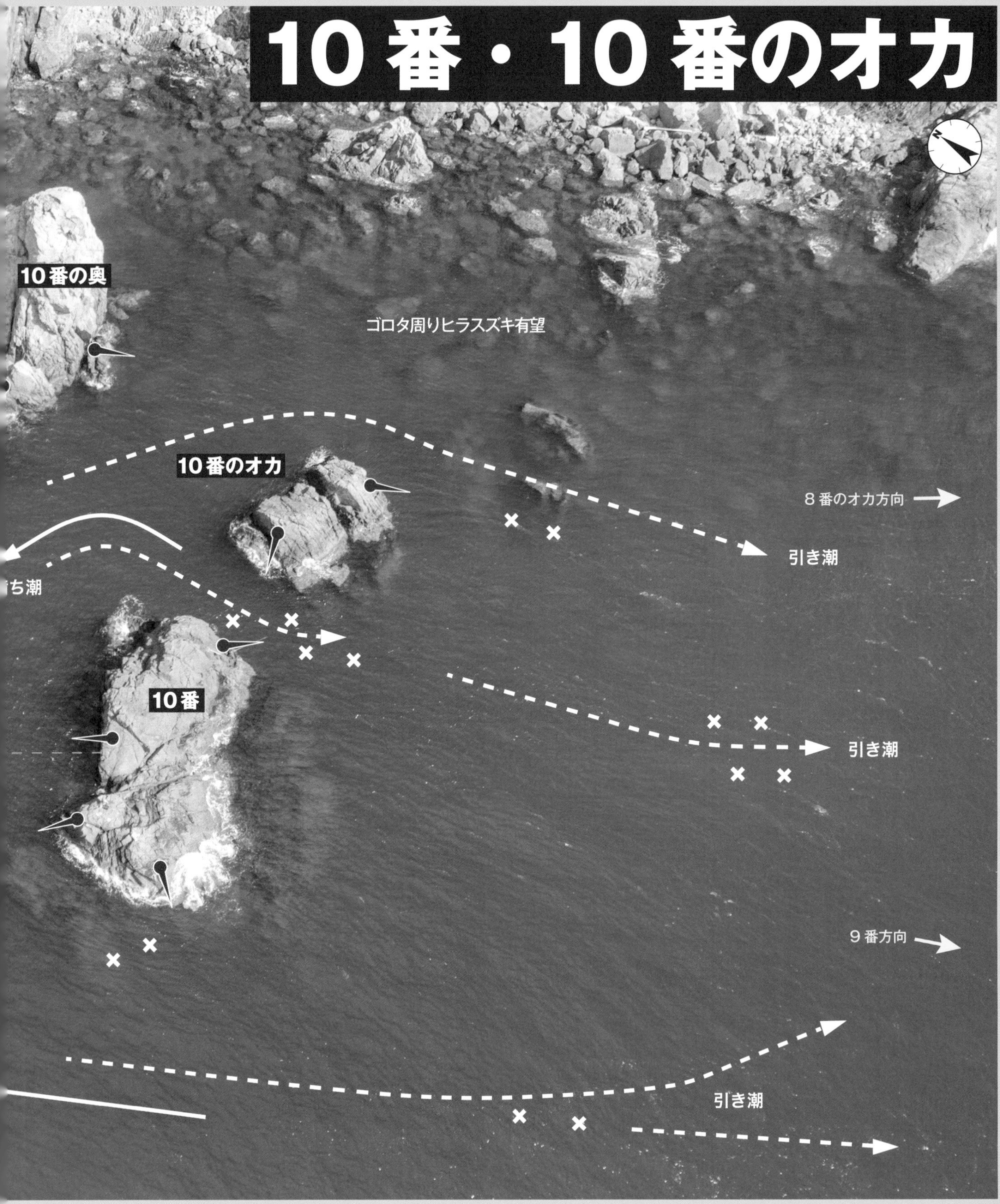
10番の奥
ゴロタ周りヒラスズキ有望
10番のオカ
8番のオカ方向
引き潮
ち潮
10番
引き潮
9番方向
引き潮

【10番】 両潮OKだがとくに引き潮がよい。9番方向に流しフカセでオナガグレ、クチブトグレ、カゴでマダイ、イサギがよく釣れる。大型のオナガが多いがシモリが張り出しているので取り込み時は注意。

【10番のオカ】 グレは10番との水道をねらうか本島側の足場から8番のオカ方向にあるシモリ際をねらう。引き潮が本命でオナガも出る。10番の奥はめったに磯上げしない。

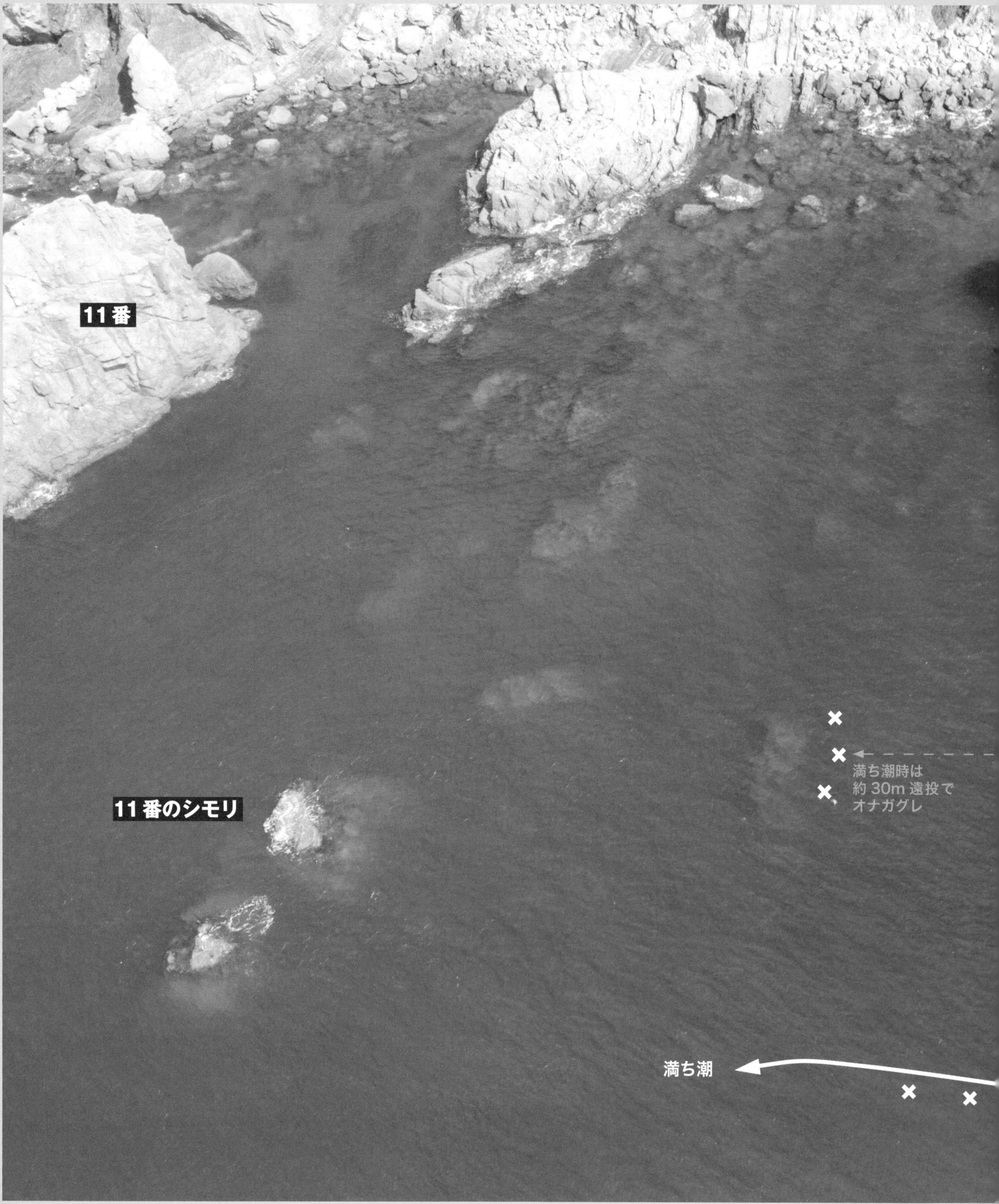
11番
11番のシモリ
満ち潮時は
約 30m 遠投で
オナガグレ
満ち潮

11番

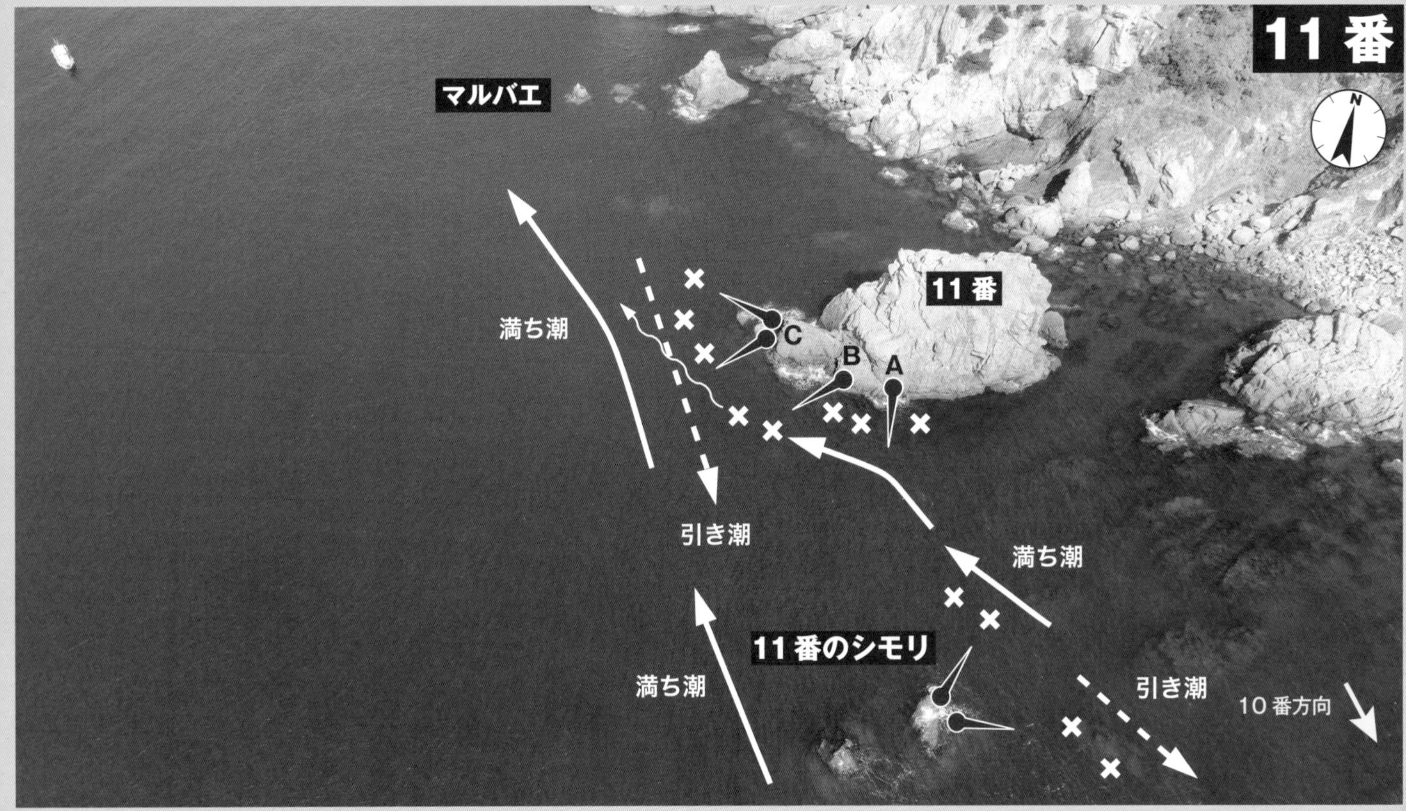

梅雨グレ、寒グレの好釣り場。オナガまじりで満ち潮、引き潮ともねらえる。カゴ釣りでイサギ、マダイもOK。AとBの足場から釣れることが多いが北西風が弱い場合はCへ移動してもよい。

クロハエ・マルバエ

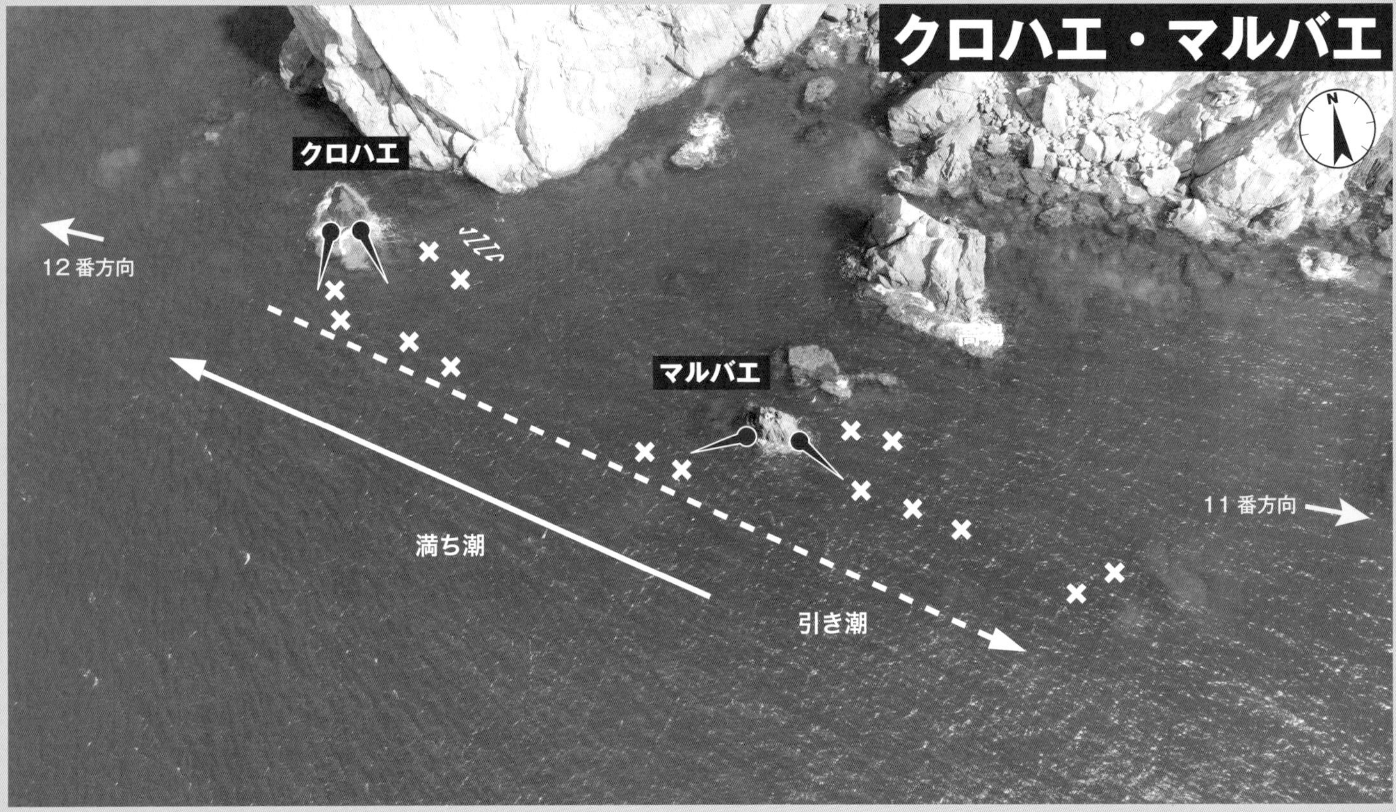

【クロハエ】 クチブト中心のグレ釣りポイント。引き潮がよい。
【マルバエ】 寒はクチブト主体だが梅雨と秋はオナガもねらえる。満ち引き両潮OK。
どちらの磯もウキ下2～3ヒロでサオ下もしくは20～30m沖まで流し釣りをする。イサギも釣れる。

12番

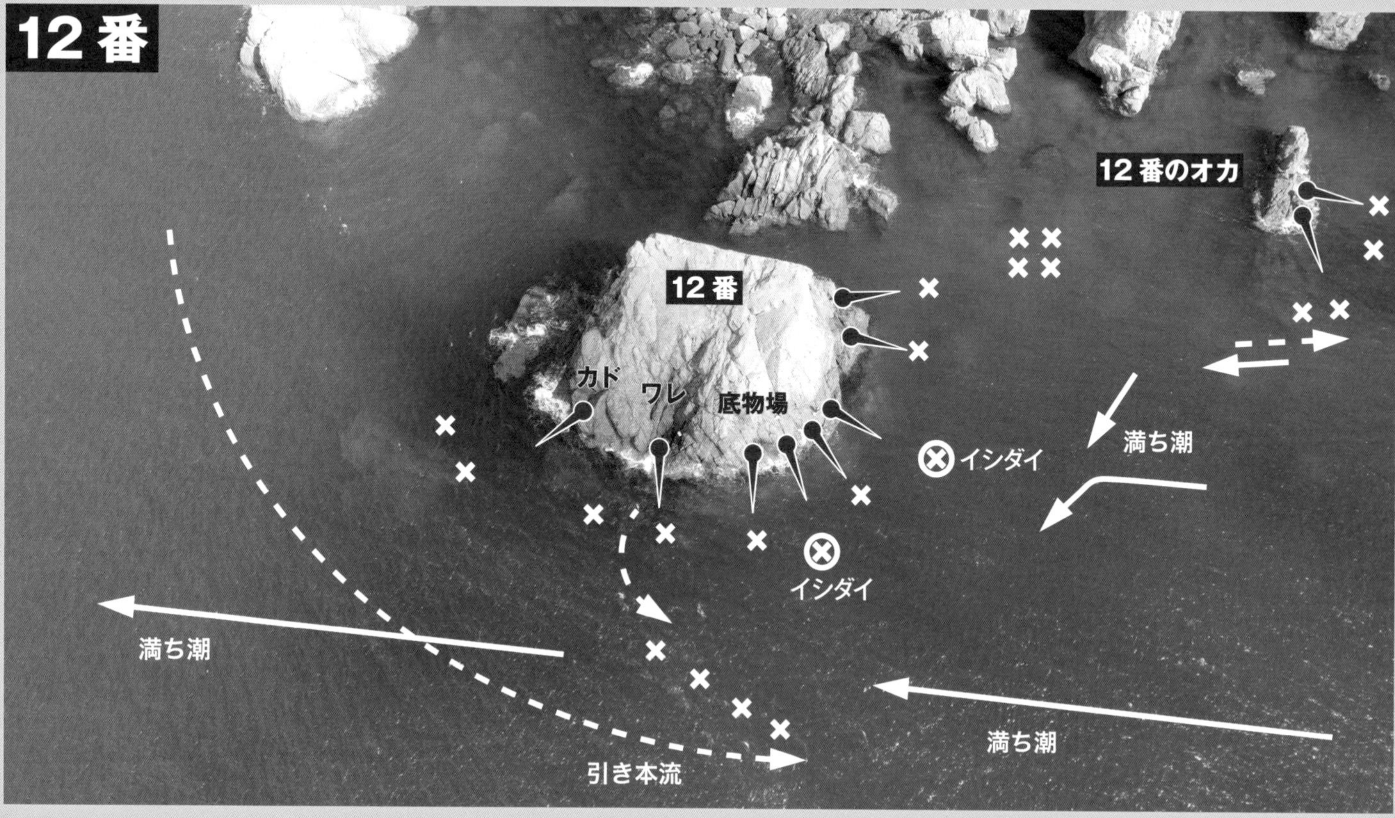

年中、両潮でグレがねらえる。12番の「底物場」は満ち潮がよい。イシダイも満ち込みをねらう。磯中央の「ワレ」から「カド」はクチブトグレ、オナガグレ、イサギ、マダイ、シマアジなどフカセ、カゴ釣りどちらもOK。ルアーで青ものも面白い。カドは定員1名、ワレはカドに人がいない時は2名。

地の1番

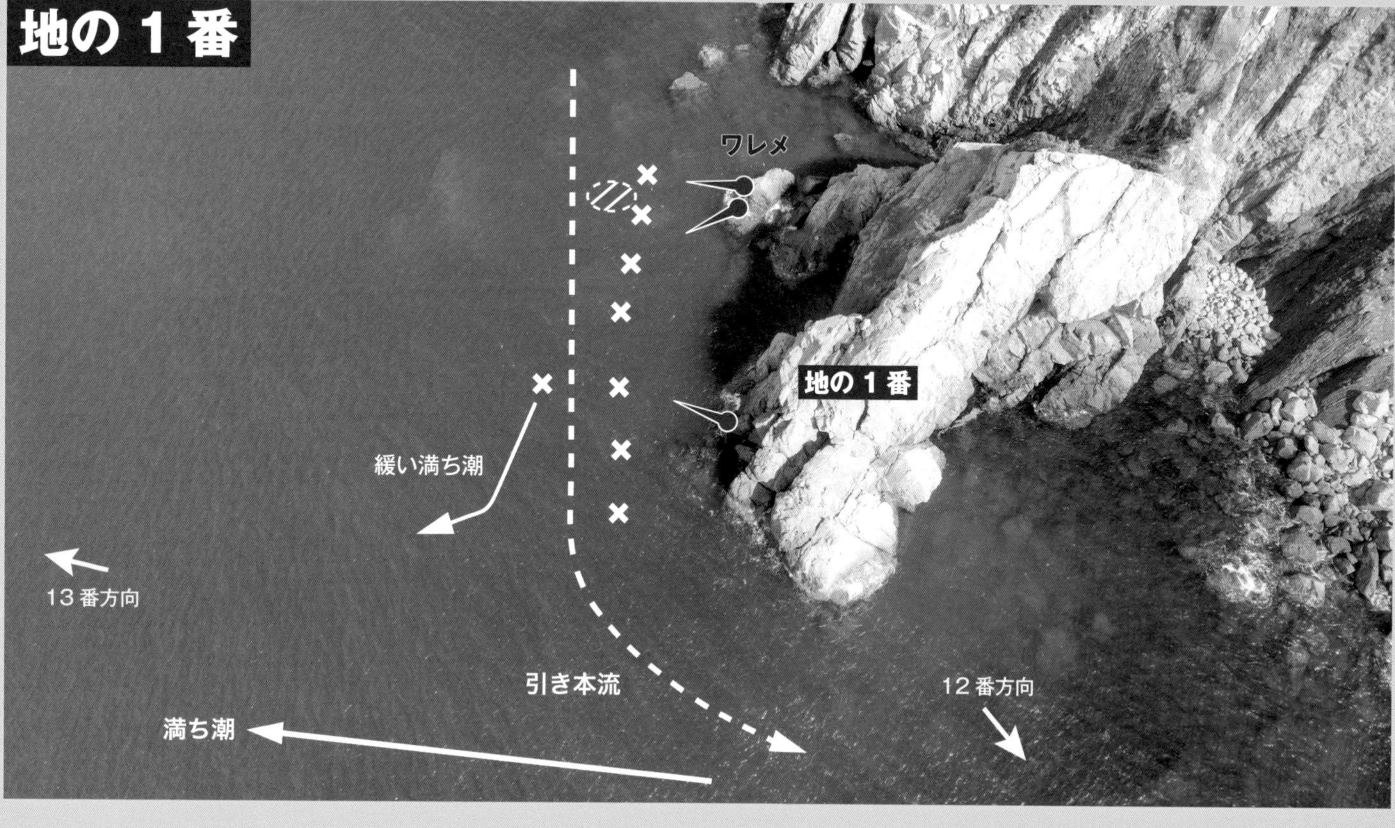

引き潮がよいフカセのグレ釣り場。満ち潮でも前（13番方向）に流れる場合はよく釣れることがある。ワレメも引き潮が本命。ともに水深がなくウキ下は2～2.5ヒロでよい。グレは寒の時期に良型が出る。青ものも面白い。

堺の２番・３番

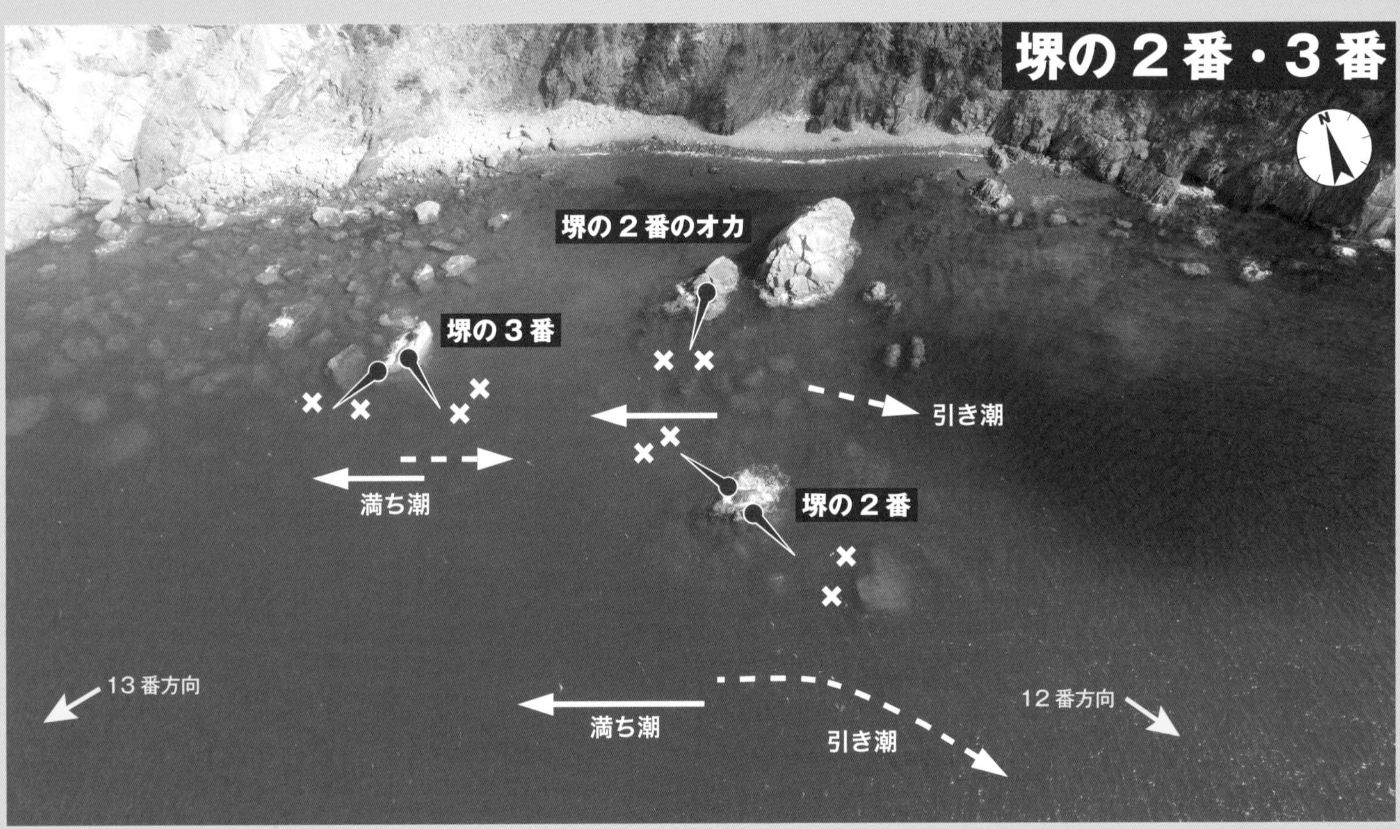

堺の２番のオカ
堺の３番
引き潮
満ち潮
堺の２番
13番方向
満ち潮
引き潮
12番方向

堺の２番、３番とも良型のクチブトがねらえる寒グレ期の好ポイント。両潮釣れるがとくに引き潮がよい。２番は磯が低いため小荒れの日は渡船不可。２番ではイサギの大型も出る。２番のオカは寒グレシーズンの小荒れの日だけの釣り場。周囲は浅くウキ下２〜３ヒロが目安。

堺バエ周辺

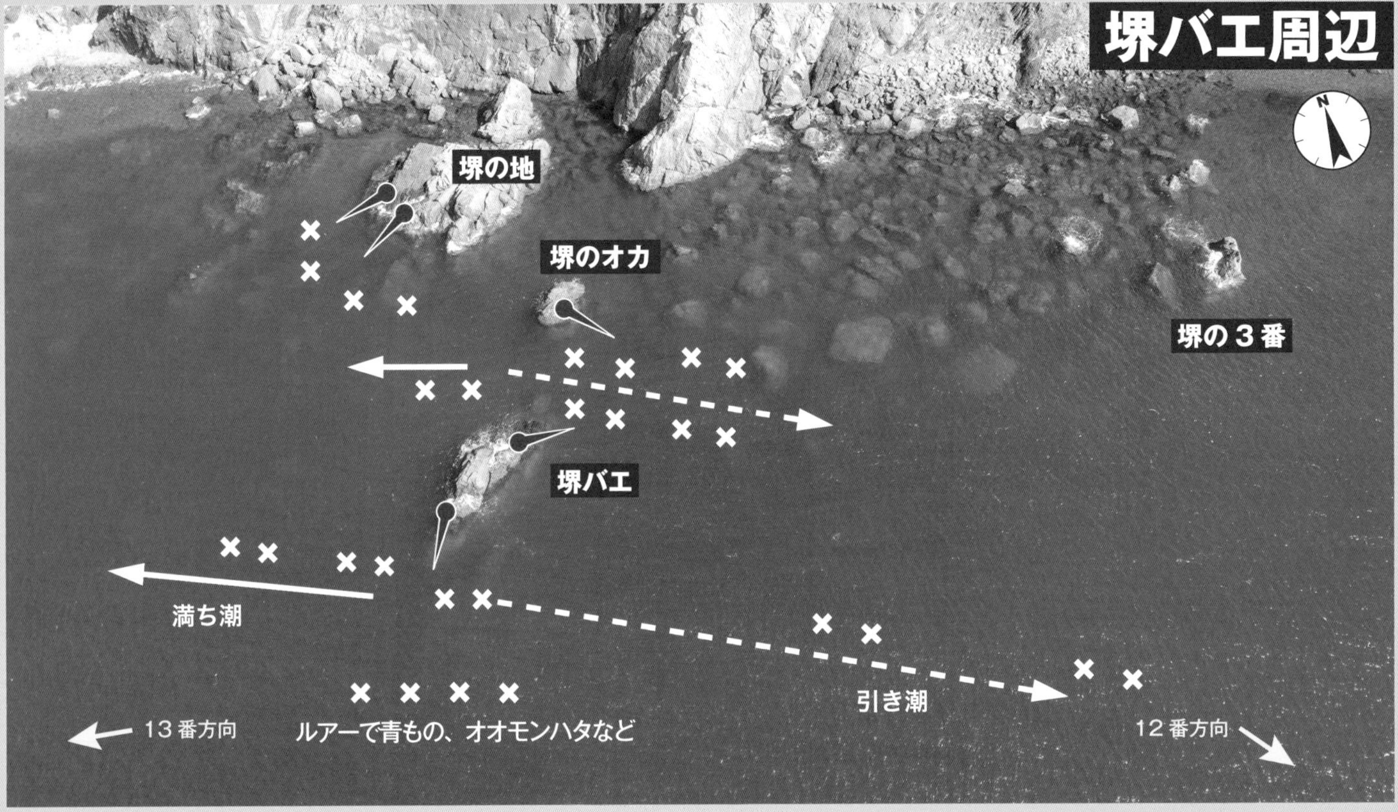

堺の地
堺のオカ
堺の３番
堺バエ
満ち潮
引き潮
13番方向
ルアーで青もの、オオモンハタなど
12番方向

【堺バエ】 グレ、イサギ、マダイ、青ものが年中ねらえるが秋〜春がよい。両潮OKだが引き潮に分がある。沖向きキャストでルアーの青もの、オオモンハタなどロックフィッシュも面白い。

【堺のオカ】 引き潮の釣り場で足場が低く波がある日は磯上がり不可。

【堺の地】 満ち潮がよい。小荒れの日だけの釣り場。

地の２番・地の２番ハナレ

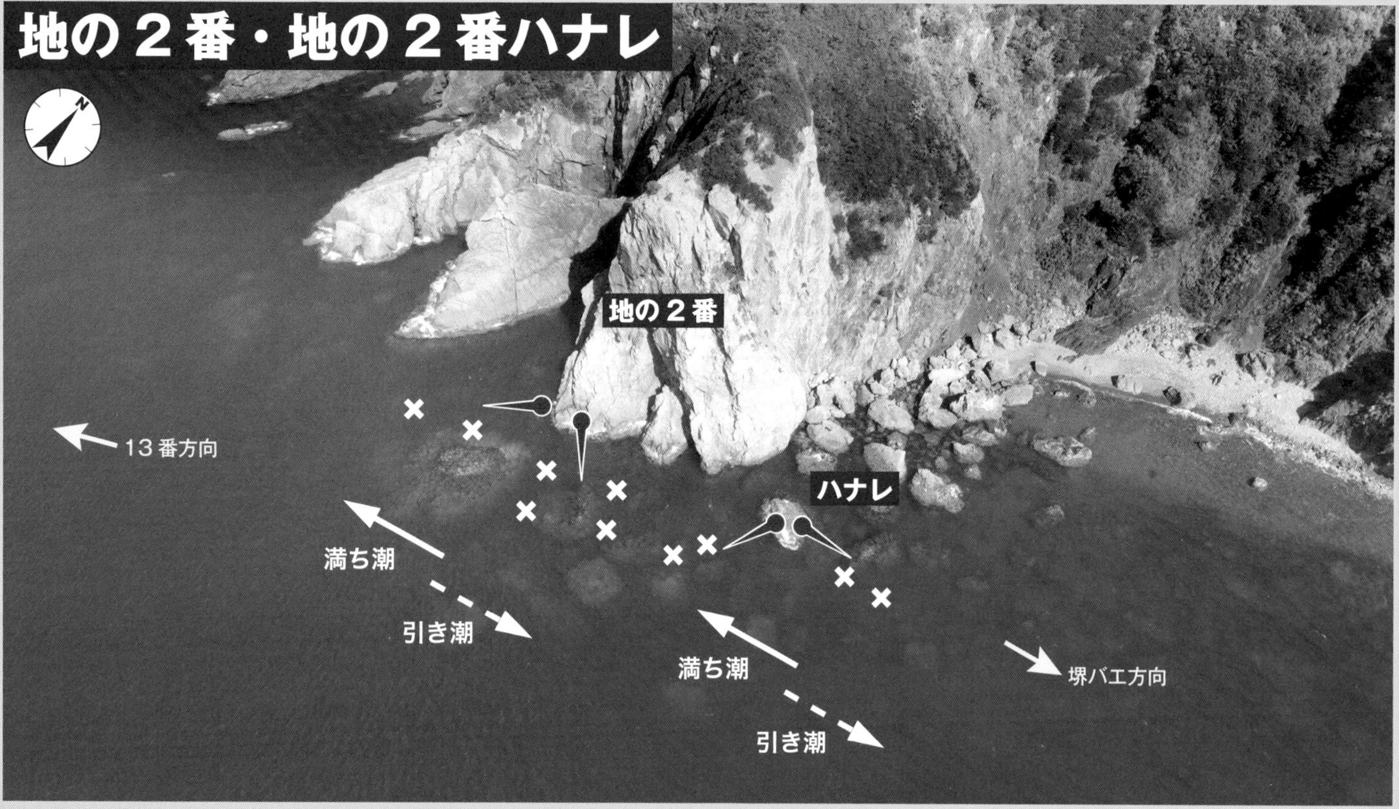

寒グレ、梅雨グレともにねらえる。地の２番は満ち、ハナレは引き潮がよい。ともに水深がないのでウキ下は２～３ヒロでよい。地の２番は小荒れの日、小さなウネリでサラシができる日が最高。ハナレは堺バエ方向、陸地向きのシモリをねらうと良型クチブトが出る。

地の３番・地の４番

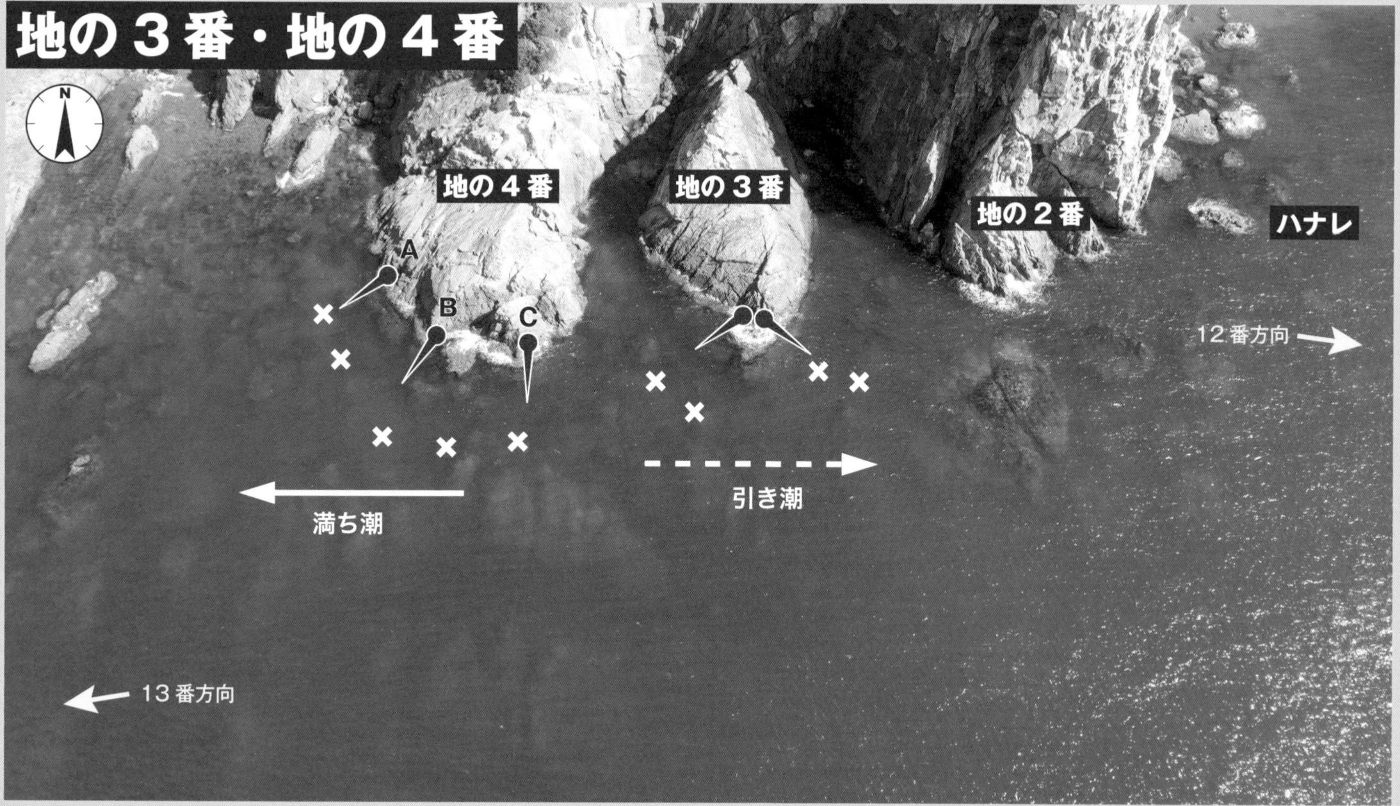

地の３番、４番どちらもフカセで寒グレ、梅雨グレがねらえる。３番は引き潮時がよい。４番は足場が３ヵ所ありＡは定員２人、Ｂは１人、Ｃは潮が下げたときだけ１人サオが出せる。両磯とも水深がないのでウキ下は３ヒロまで。両型のクチブトが出る。

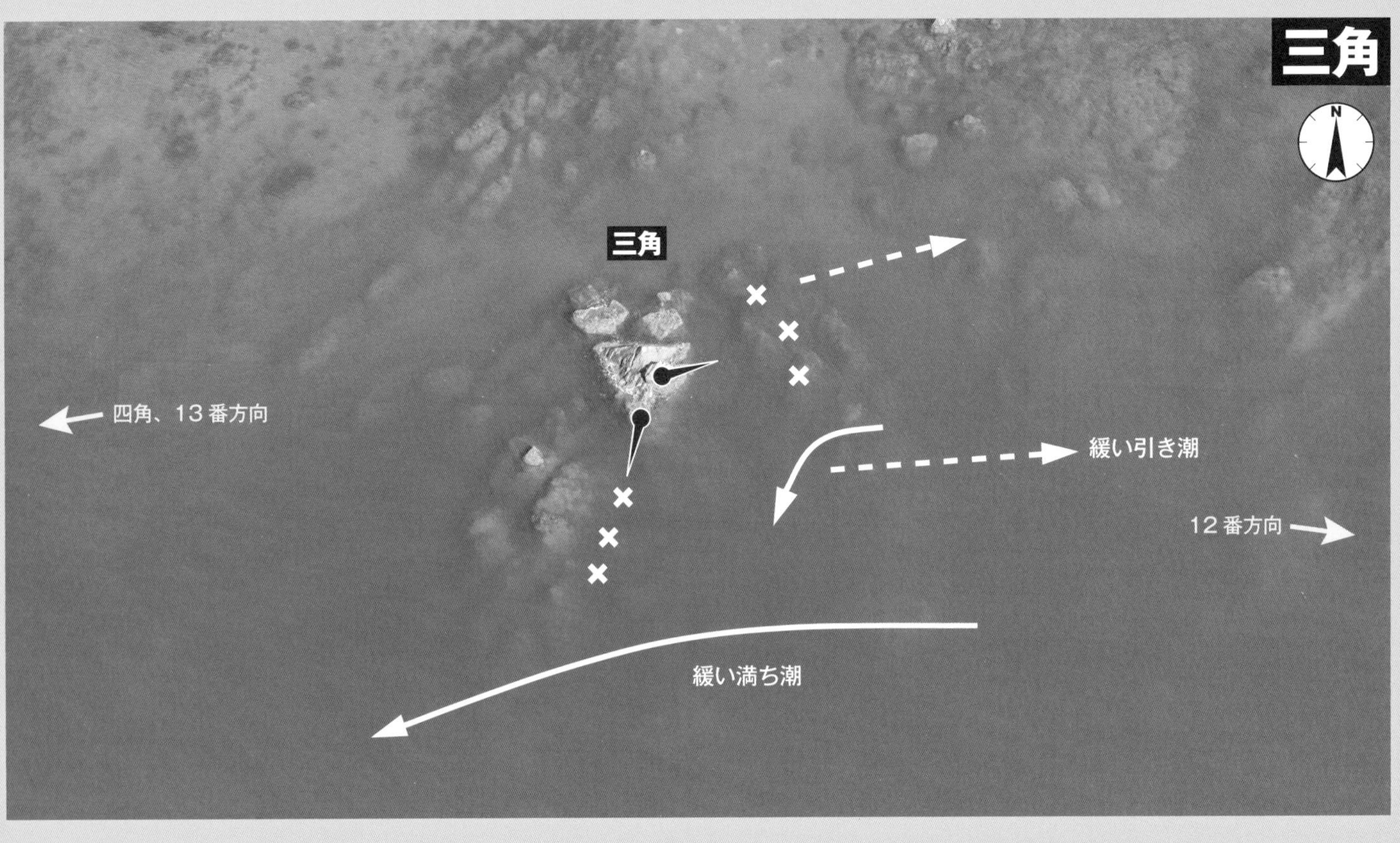

どちらかというと寒グレ釣り場だが梅雨時期も釣れる。満ち潮、とくに南向きに出ていく潮がよくウキ下2～3ヒロでシモリ際を流すと良型が出る。北西風が強く釣りにくい場合は12番方向、風下側のシモリをねらうとよい。ここは引き潮で釣れる。

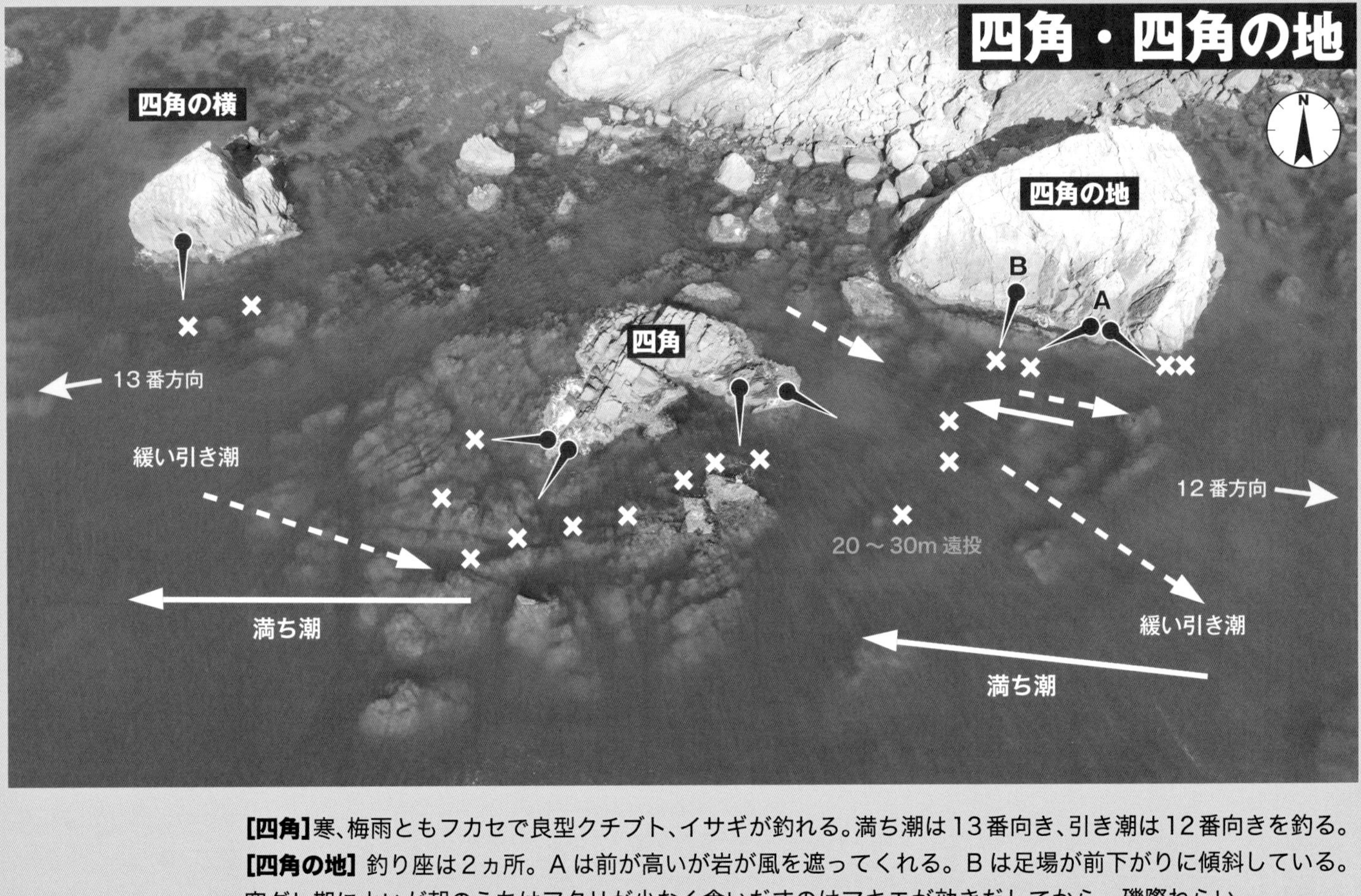

[四角]寒、梅雨ともフカセで良型クチブト、イサギが釣れる。満ち潮は13番向き、引き潮は12番向きを釣る。
[四角の地] 釣り座は2ヵ所。Aは前が高いが岩が風を遮ってくれる。Bは足場が前下がりに傾斜している。寒グレ期によいが朝のうちはアタリが少なく食いだすのはマキエが効きだしてから。磯際ねらい。
[四角の横] 寒グレはシモリの間を釣る。足場が悪く磯上がりするのは希。

アカシバエ

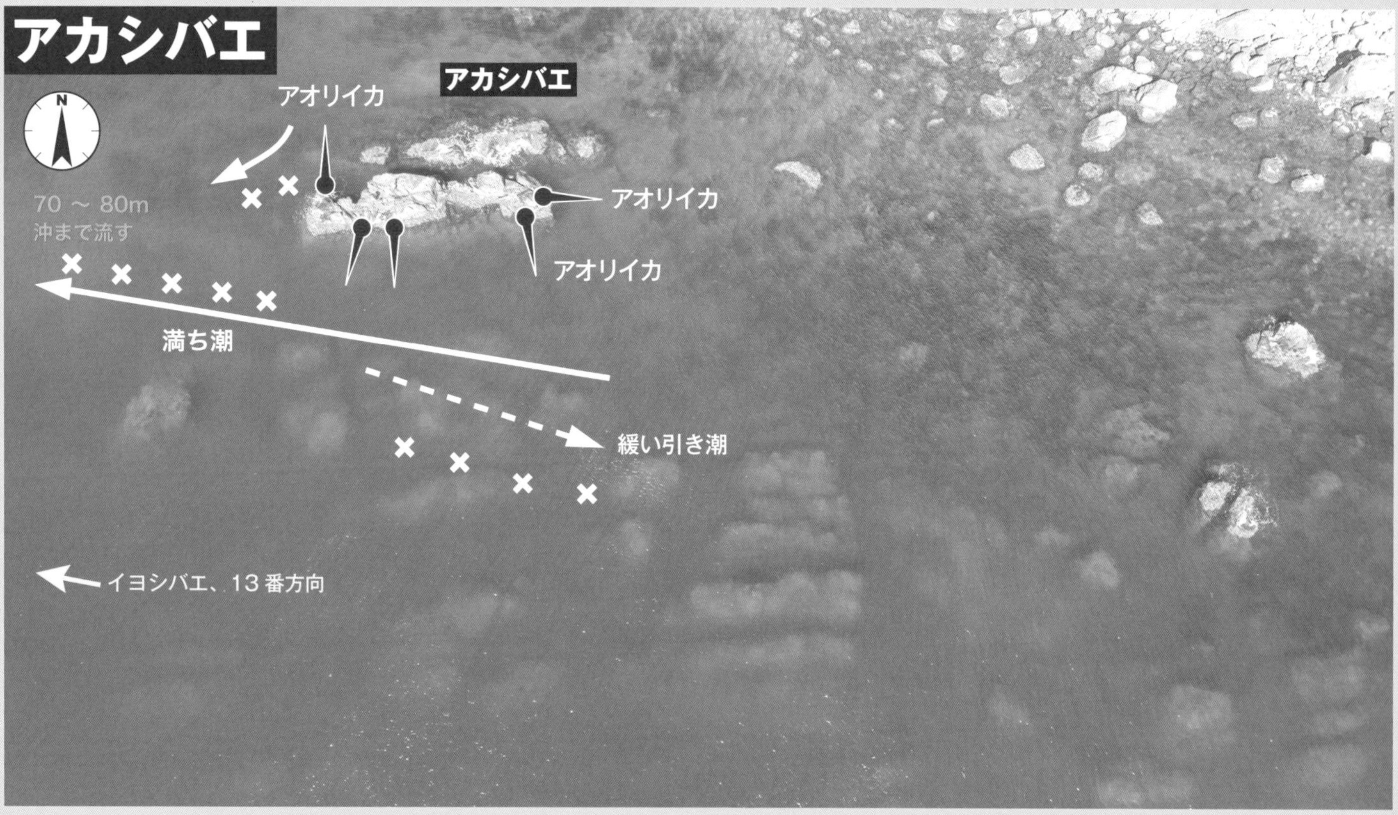
アカシバエ
アオリイカ
アオリイカ
アオリイカ
70 ～ 80m
沖まで流す
満ち潮
緩い引き潮
イヨシバエ、13 番方向

満ち潮が基本のフカセ釣り場。13 番方向に足下から 70 ～ 80m 沖まで仕掛けを流す。グレメインに希だがマダイ、青ものも当たる。引き潮の場合は南東方向に遠投して釣る。磯の北側、東側はアオリイカも多い。

イヨシバエ

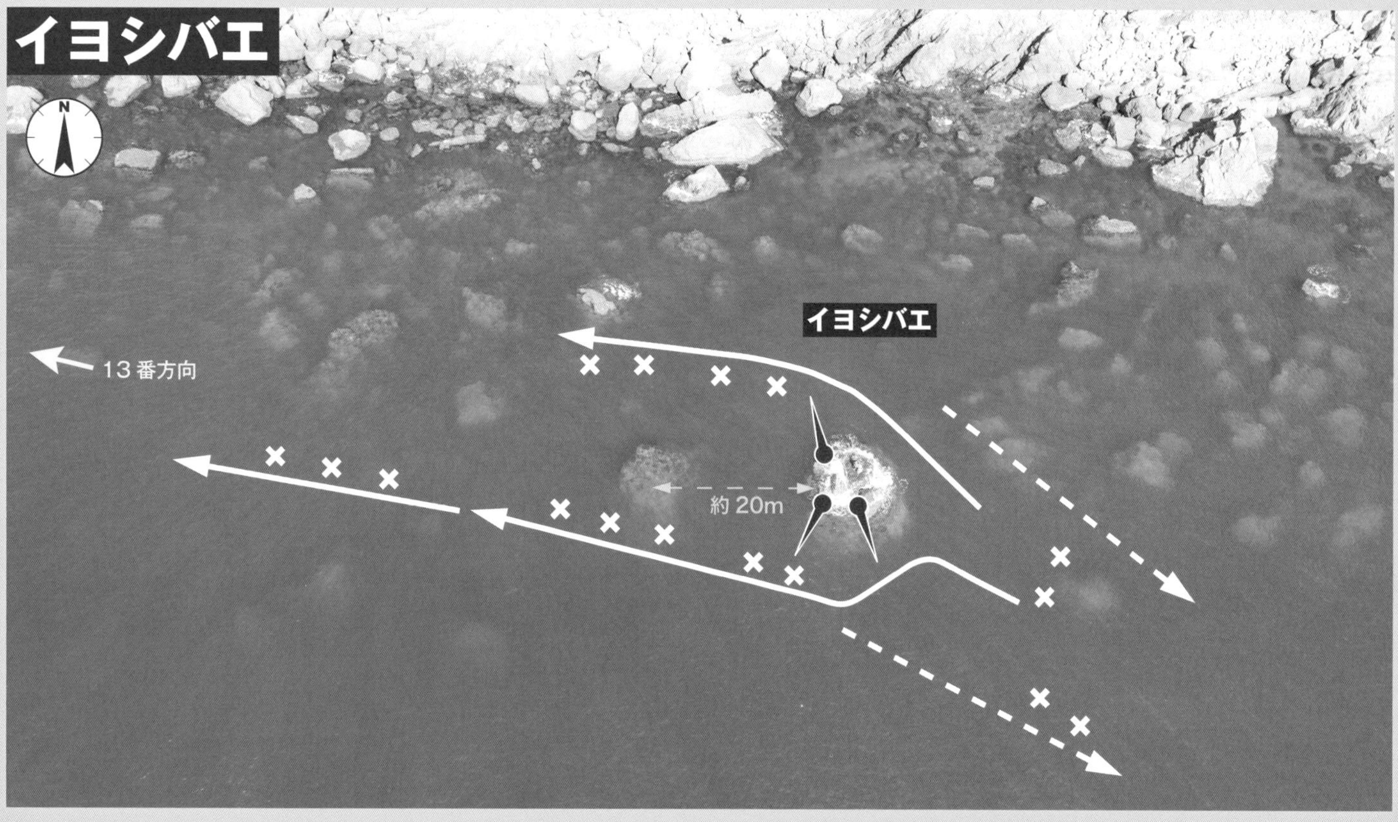
イヨシバエ
13 番方向
約 20m

フカセ釣りは満ち潮がよい。オナガグレ、クチブトグレにマダイやイサギがまじることも。通常、引き潮は南東方向に流れ遠投でぼちぼち釣れる程度だが、大潮の日は引き潮が 13 番向きに流れることがあり、そのときは非常によく釣れる。

13〜16番

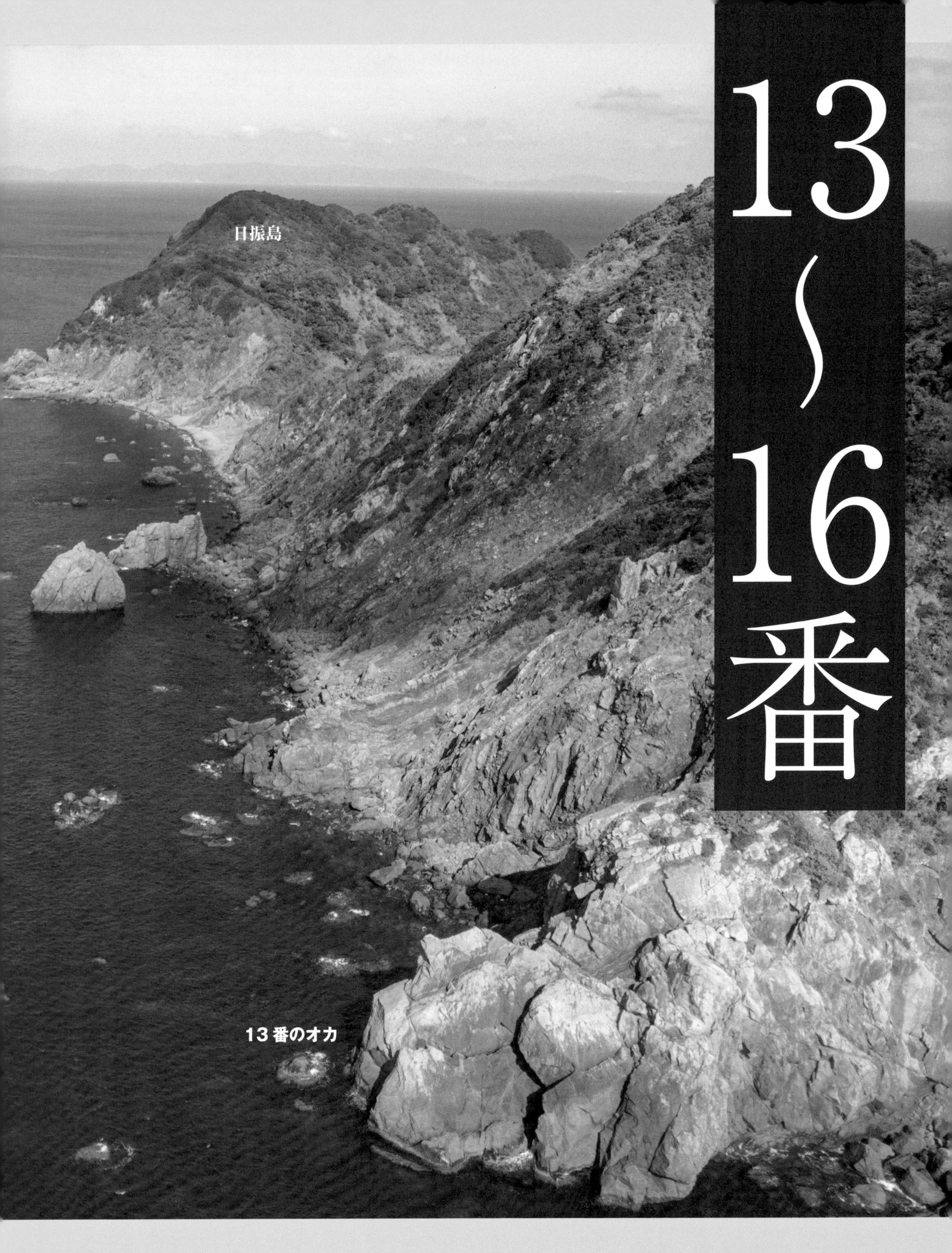

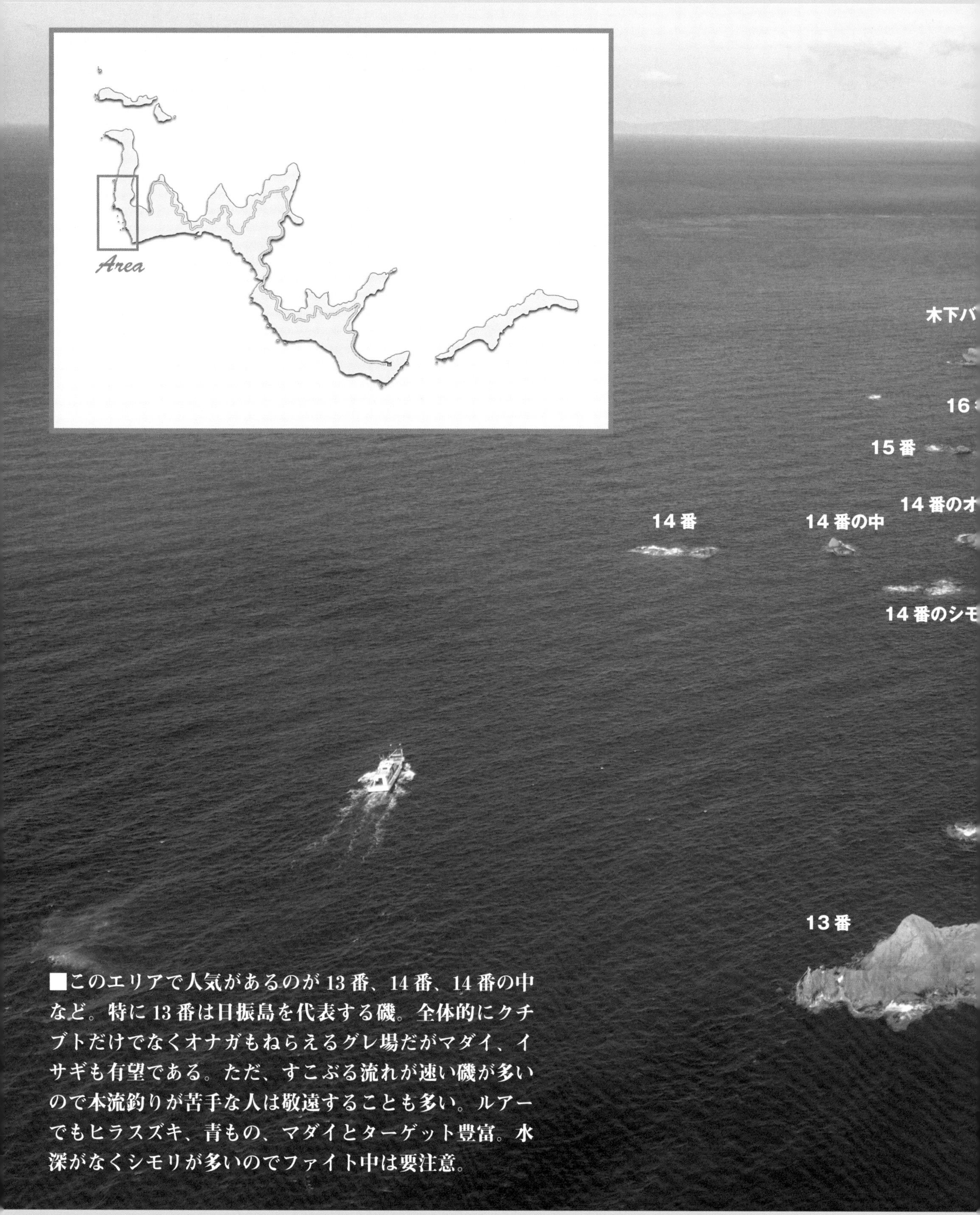

Area
木下バ
16
15番
14番のオ
14番
14番の中
14番のシモ
13番

■このエリアで人気があるのが13番、14番、14番の中など。特に13番は日振島を代表する磯。全体的にクチブトだけでなくオナガもねらえるグレ場だがマダイ、イサギも有望である。ただ、すこぶる流れが速い磯が多いので本流釣りが苦手な人は敬遠することも多い。ルアーでもヒラスズキ、青もの、マダイとターゲット豊富。水深がなくシモリが多いのでファイト中は要注意。

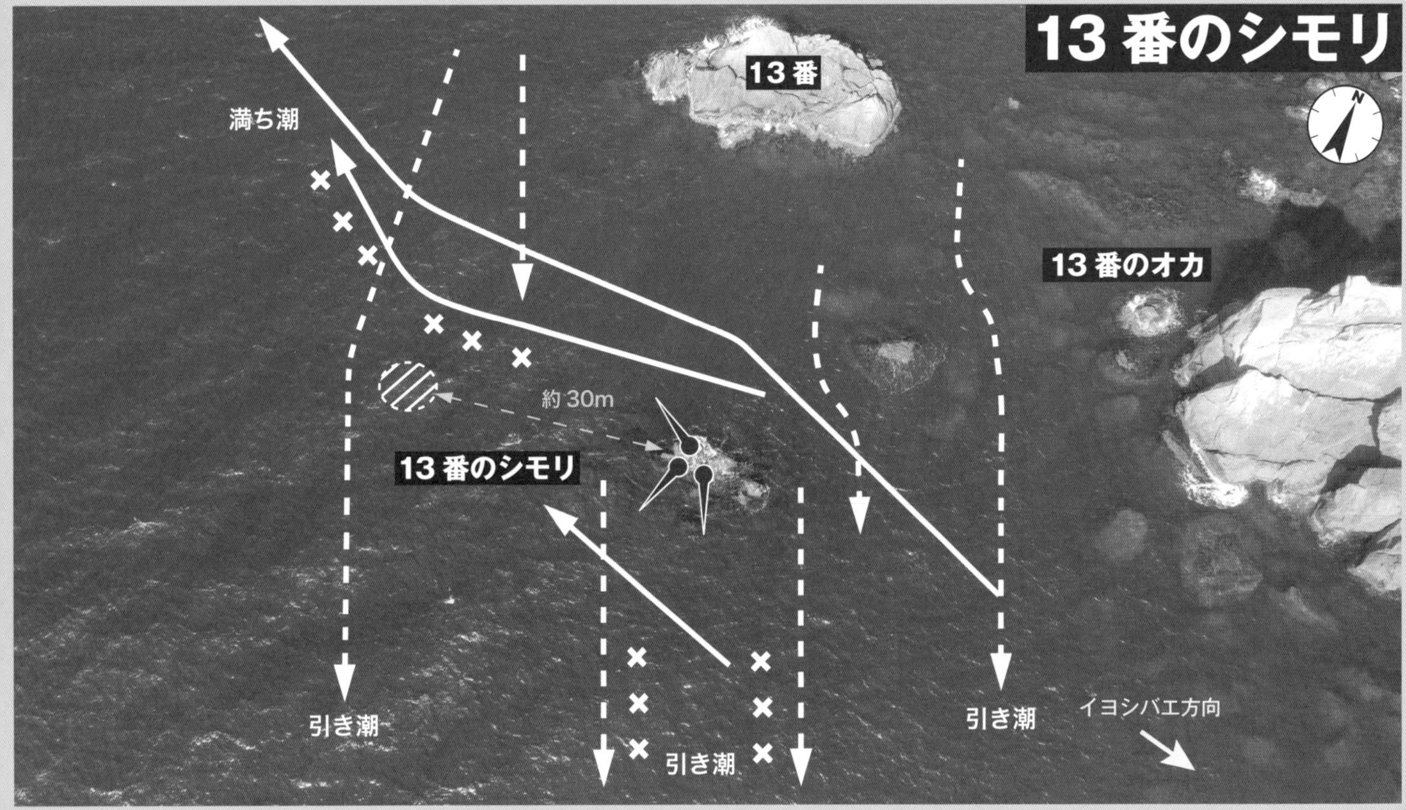

グレのフカセ釣りオンリーの磯。満ち引き両潮よいが特にに西方向に流れる満ち潮がよい。西方向約30m沖にあるシモリ付近が最高のポイント。引き潮は満ち潮にくらべ緩やかだが70～80m沖までグレがヒットする。大潮の満潮前後は下りられない。

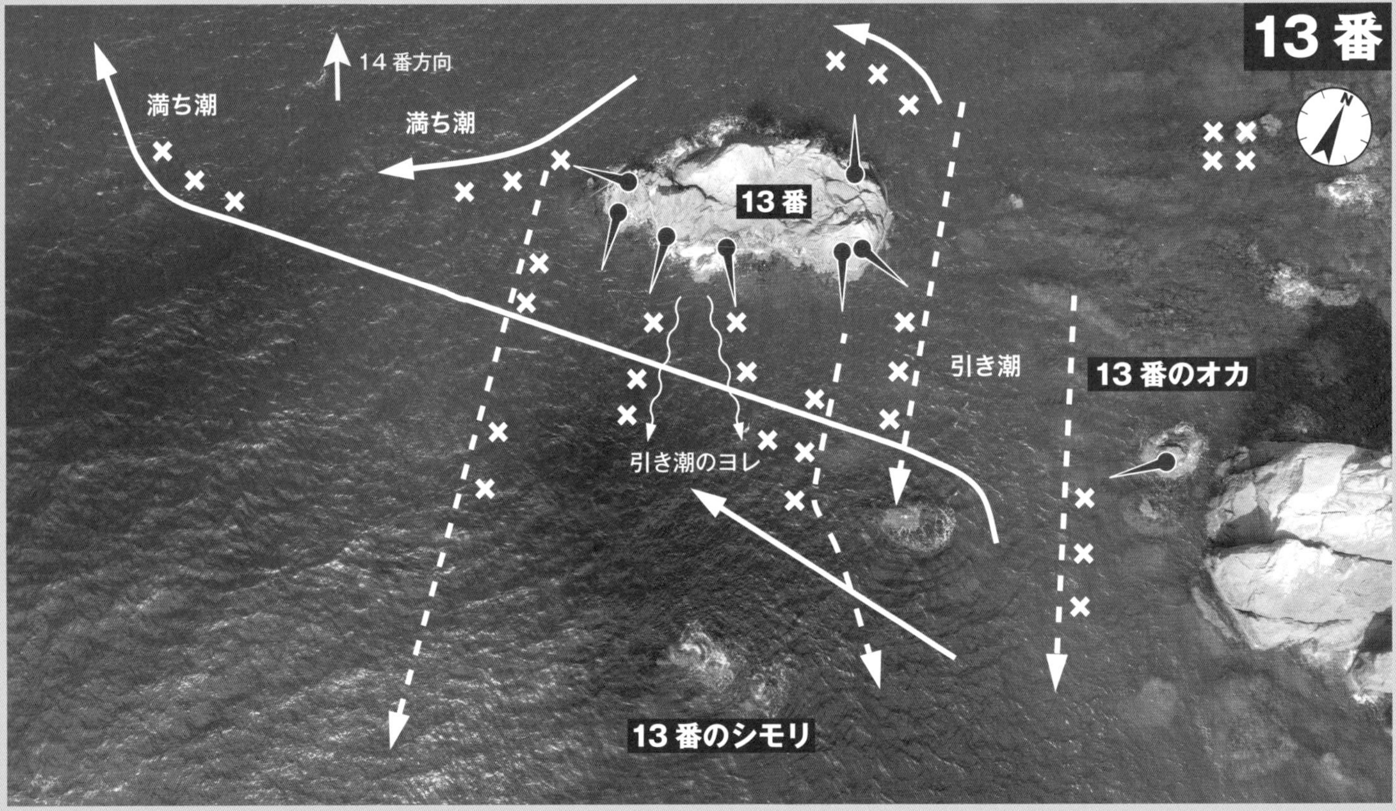

13番は日振島でもグレのフカセ釣りではS級の磯。特に満ち潮がよく西側沖、50～70m地点で満ち潮が流れの向きを変えるあたりが最高のポイント。グレのほかマダイ、イサギ、青ものもよく釣れる。真冬～春、産卵前のクチブトは引き潮がよい。13番のオカは引き潮のときにグレがぼちぼち釣れる。

14番周辺

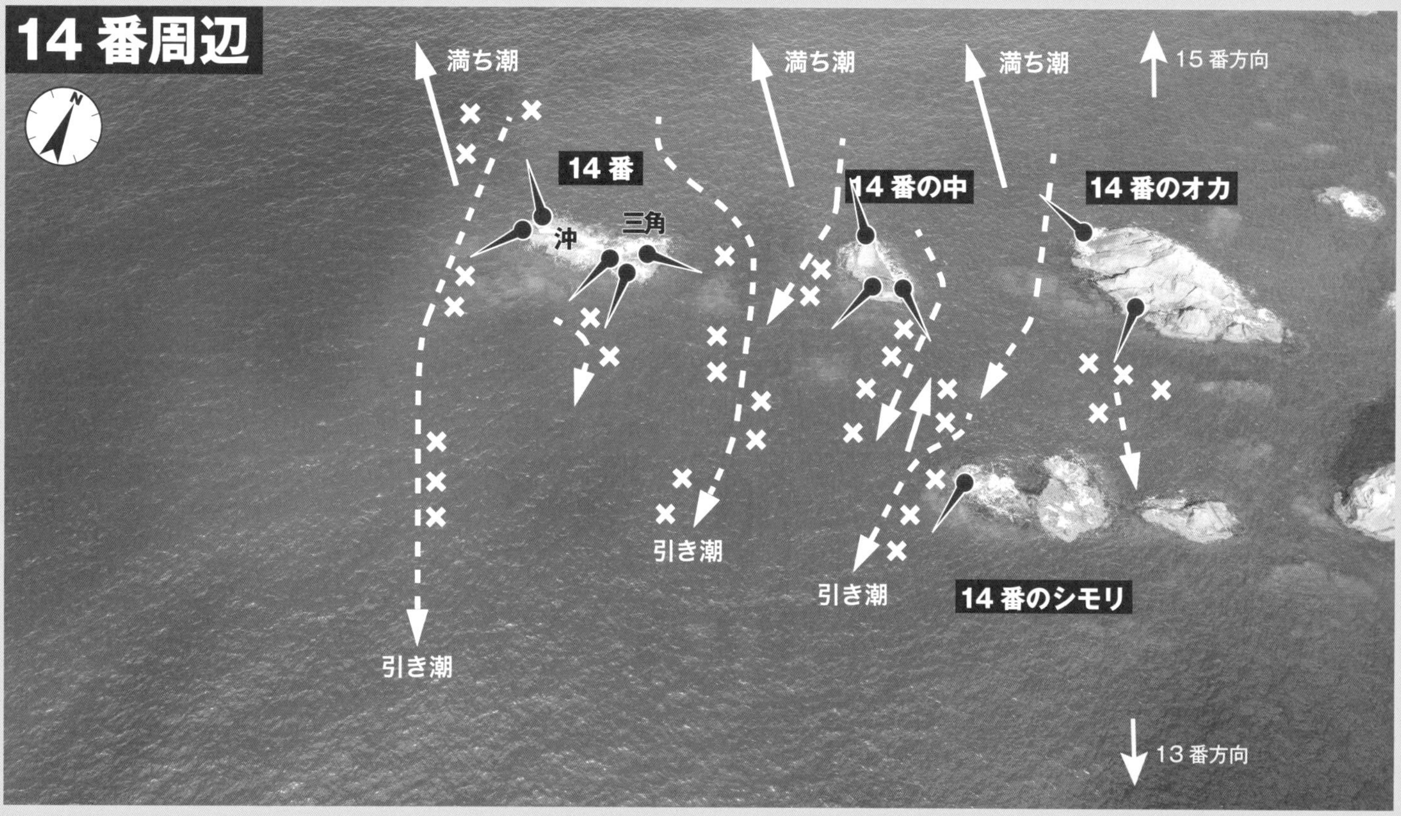
満ち潮
満ち潮
満ち潮
15番方向
14番
沖
三角
14番の中
14番のオカ
引き潮
引き潮
引き潮
14番のシモリ
13番方向

【14番】 基本的には引き潮のポイントだが満ち潮もOK。グレ、マダイ、イサギ。シマアジ、青ものとフカセ釣りで何でも来いのA級磯だが北西風、波に弱い。
【14番の中】 14番同様、引き潮がよいが満ちでも釣れる。**【14番のオカ】** 北西風に強い。引き潮時に14番のシモリ向きでグレ有望。**【14番のシモリ】** 引き潮のグレ釣り場。

15番・16番

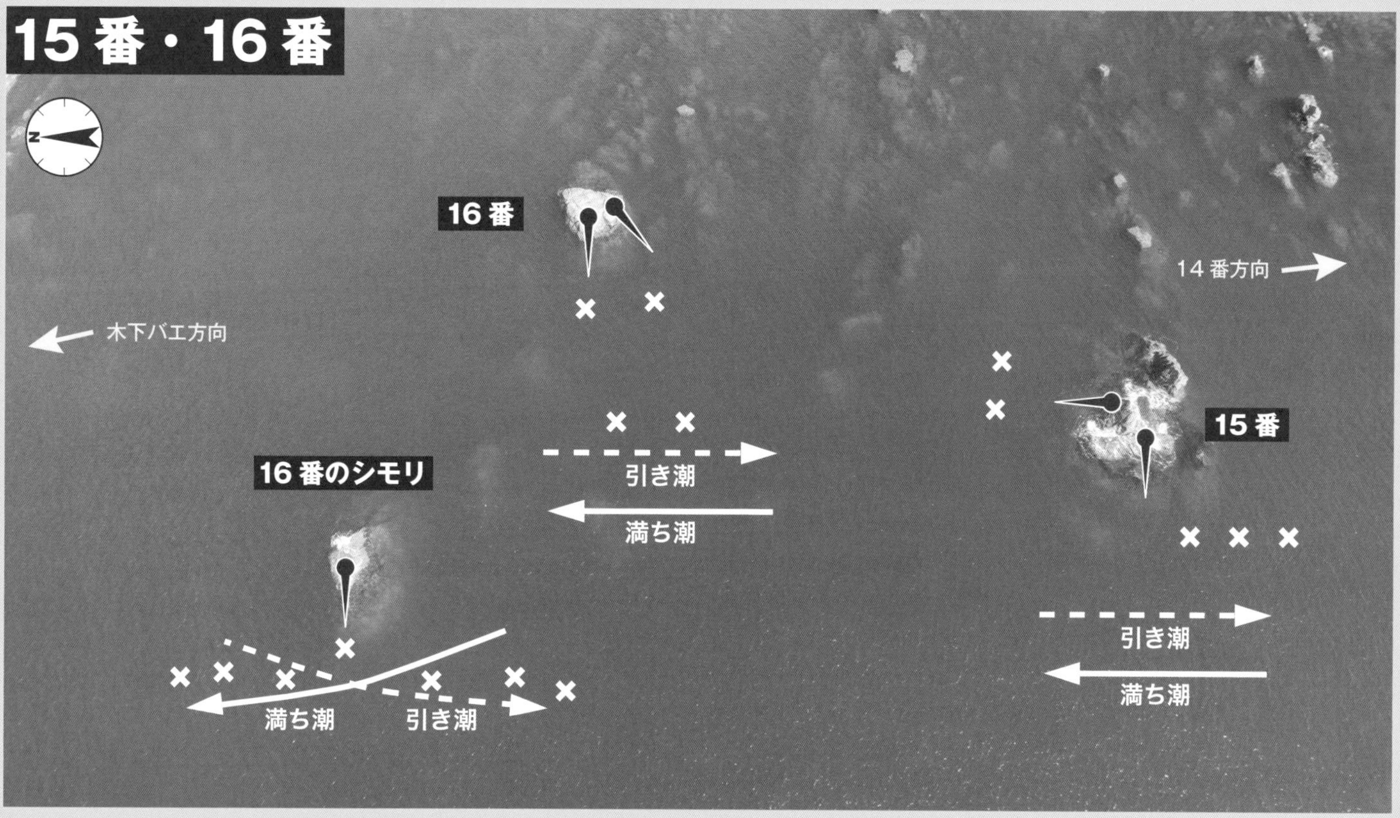
16番
14番方向
木下バエ方向
15番
16番のシモリ
引き潮
満ち潮
引き潮
満ち潮
満ち潮
引き潮

15番、16番は総体的に満ち潮がよい。引き潮でも沖の本流に引かれる潮が北西方向に流れると、よく釣れる。
【15番】 冬場にグレがぼちぼち釣れる。波に弱い。**【16番】** 足場がよく海面からも高いのでシケに強い。小荒れの日はフカセでグレがよく釣れる、カゴ釣りのイサギもよい。**【16番のシモリ】** グレは両潮とも足下から20m以内で釣れる。西方向の沖ではルアーで青ものが面白い。

木下バエ

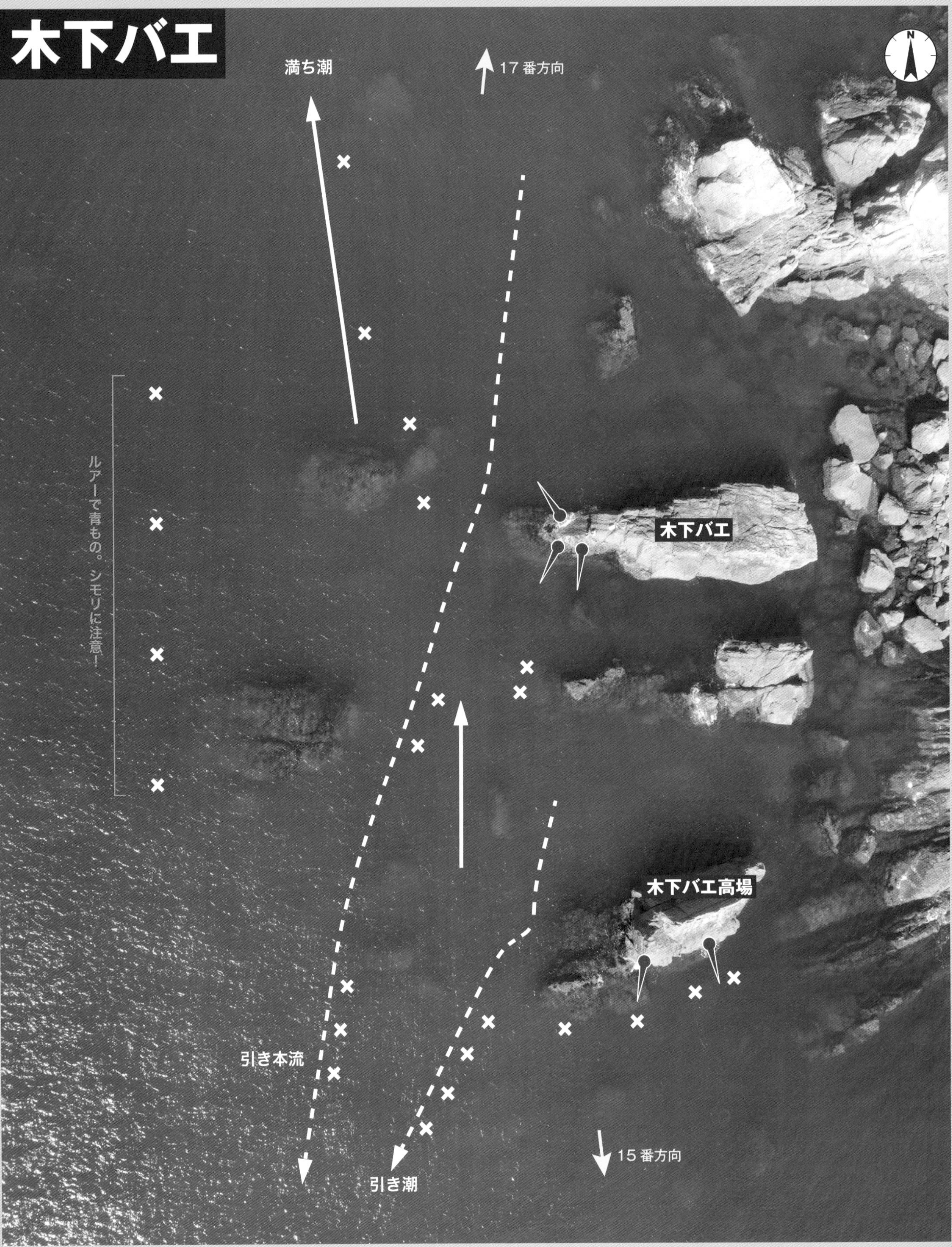
満ち潮
17 番方向
ルアーで青もの。シモリに注意！
木下バエ
木下バエ高場
引き本流
引き潮
15 番方向

[木下バエ] 両潮釣れるが特に引き潮がよい。グレはクチブト、オナガ。青ものやマダイも多い。フカセ釣り仕掛けを速い引き潮に乗せて 30 ～ 40m 先のシモリ際と沖を釣る。満ち潮時は北西方向のシモリ周り、さらに沖のシモリまで 30 ～ 40m 流す。沖一帯ではルアーの青もの、ヒラスズキが面白いがシモリに注意。
[木下バエ高場] 引き潮オンリー。先端から南西方向に遠投し 30 ～ 40m 流す。南向きも釣れる。

17番の地

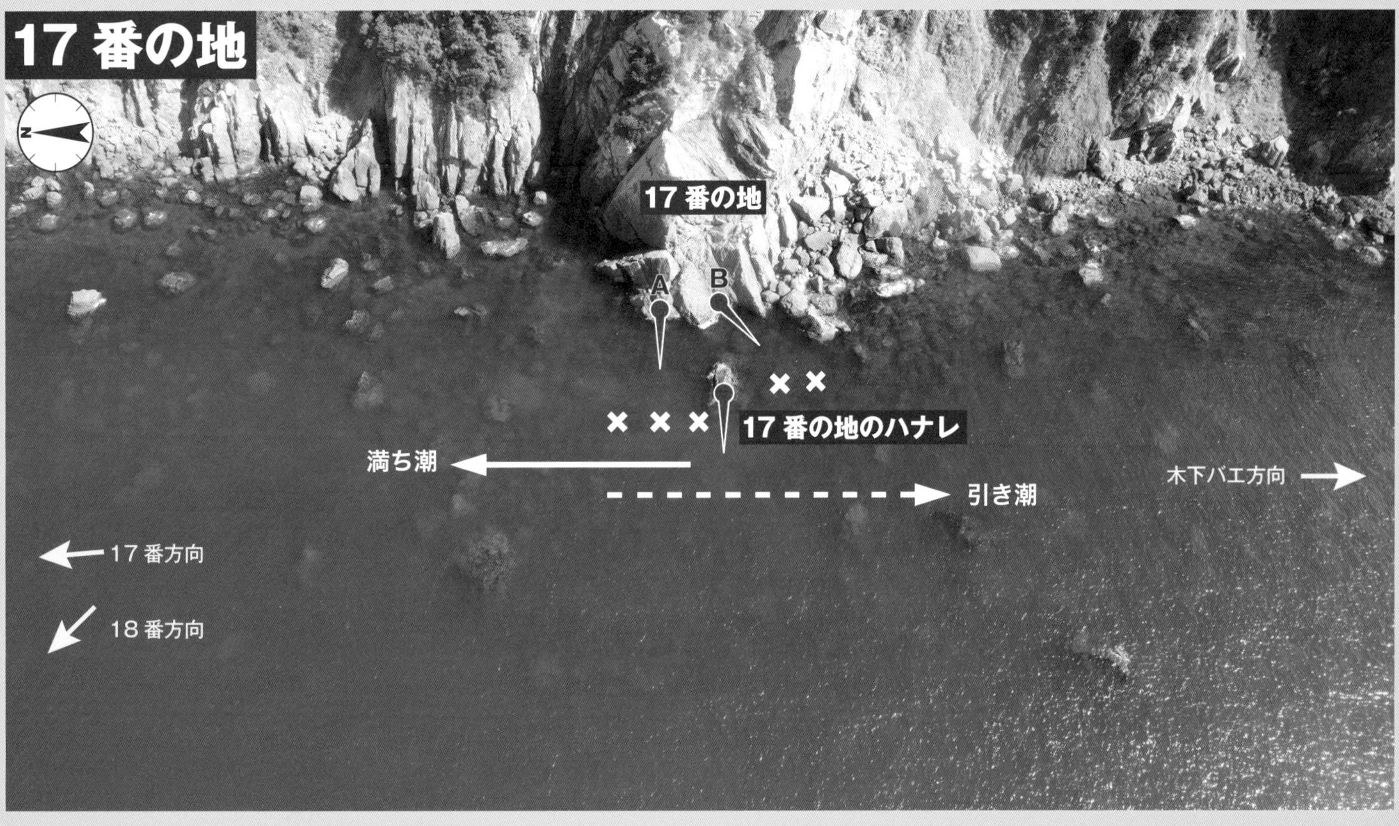
17番の地
A
B
17番の地のハナレ
満ち潮
引き潮
木下バエ方向
17番方向
18番方向

寒と梅雨のグレ釣り場。足場A、Bともに定員1人だが両潮ねらえる。ハナレの前まで仕掛けを投げて釣るとよい。波がなく潮位が下げたタイミングでハナレにも磯上がりできる。

17番

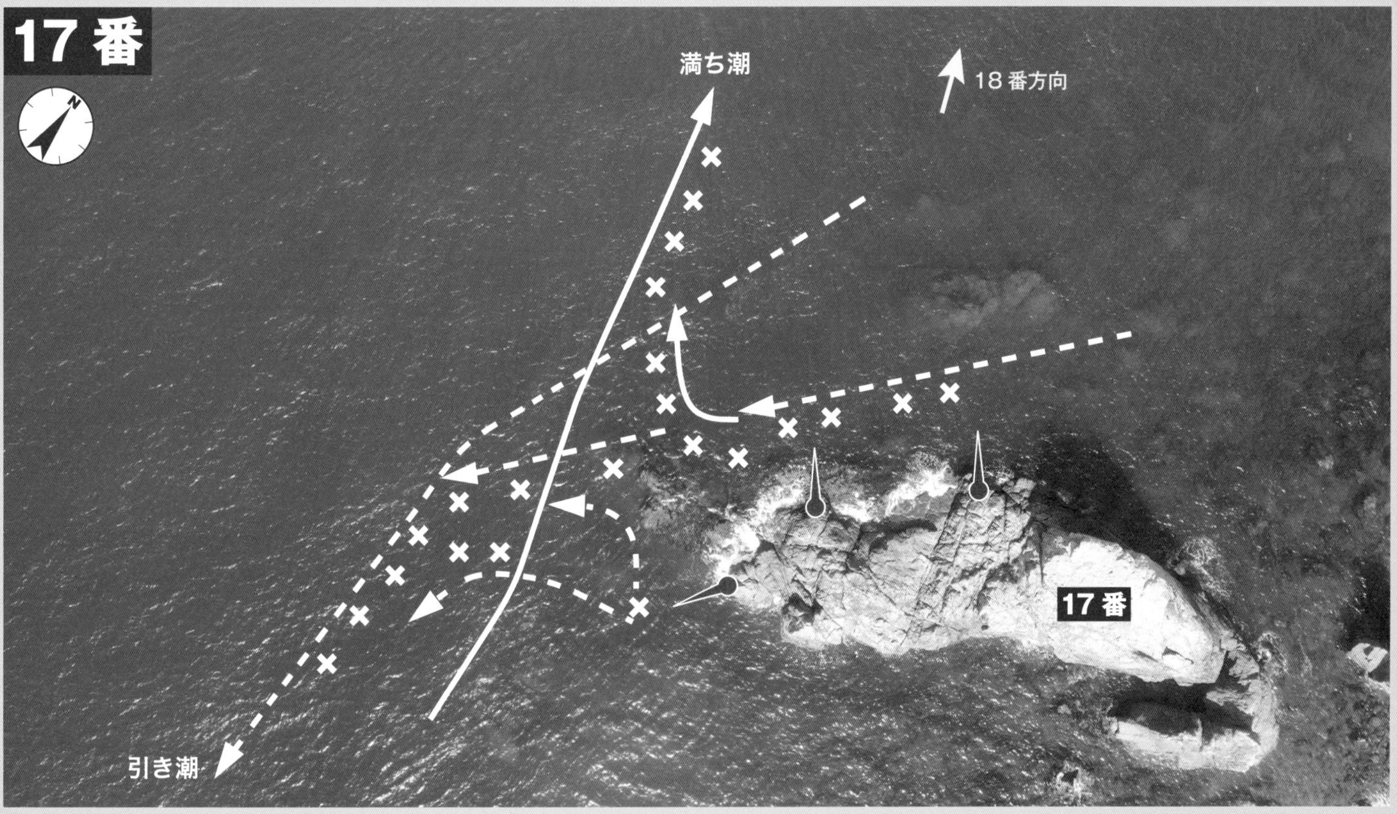
満ち潮
18番方向
17番
引き潮

満ち引き両潮釣れるが、特に引き潮がよいグレ釣り場。フカセは西の先端から20～30m流して釣る。カゴ釣りならウキ下サオ1本半でイサギ、マダイ。青ものがねらえる。大潮干潮の時間帯は先端部が干上がり足場にできる。春、夏～初冬はルアーで青もの、ヒラスズキは春～初冬、ロックフィッシュのオオモンハタも釣れる。

18番周辺

■18番は日振島を代表するA級の上物場。グレは年中釣れる。やはり18番がトップで良型クチブトが多いうえにオナガもまじる。またフカセでイサギ、マダイ、青ものもよく釣れるので人気がある。ただし冬場は北西風に弱いのがネック。南からのウネリがある日もも磯上がりできないことがある。ルアーの青もの、ヒラスズキねらいにも絶好ポイント。

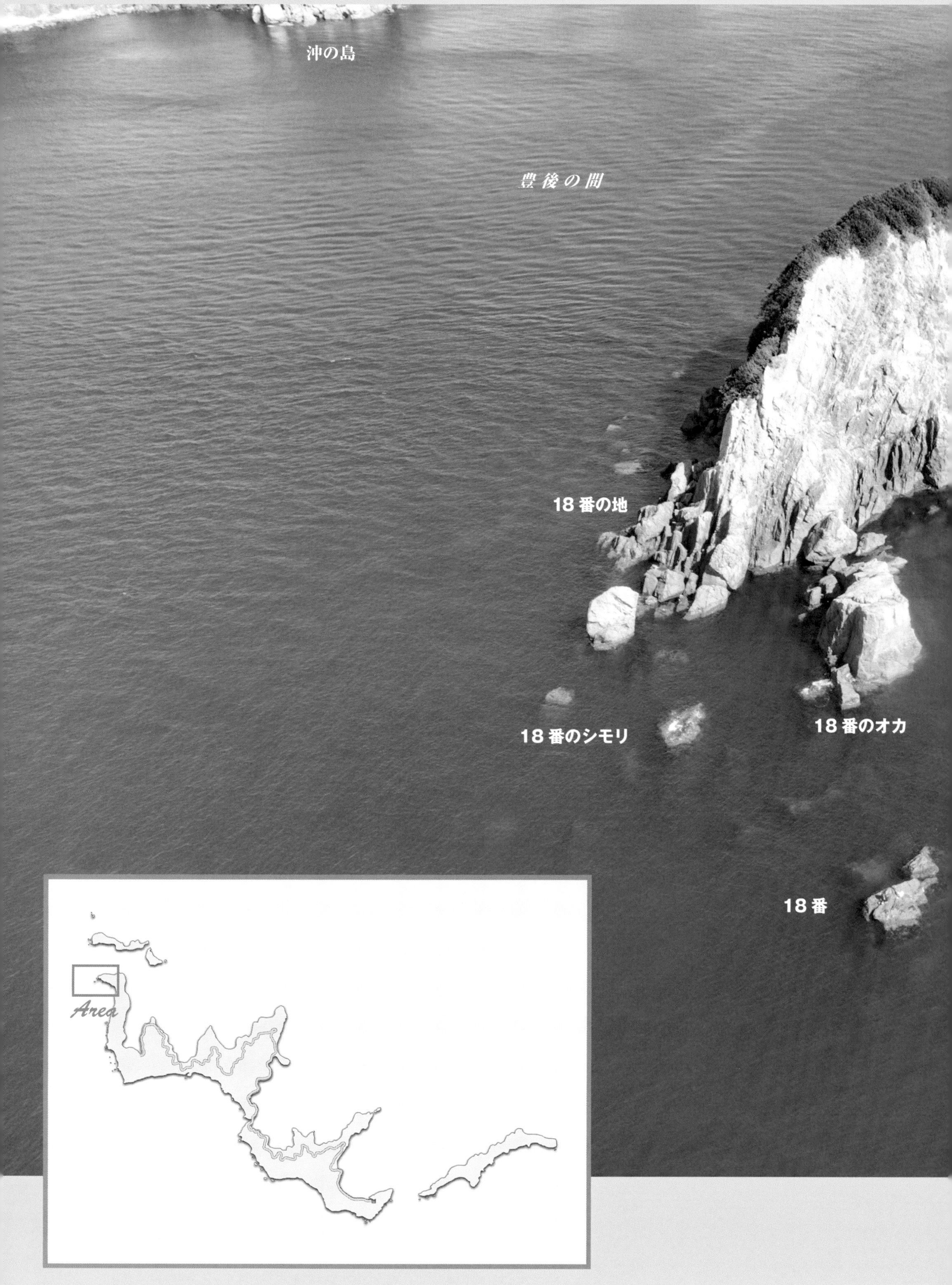

沖の島
豊後の間
18番の地
18番のシモリ
18番のオカ
18番
Area

18番・18番のオカ・18番のシモリ

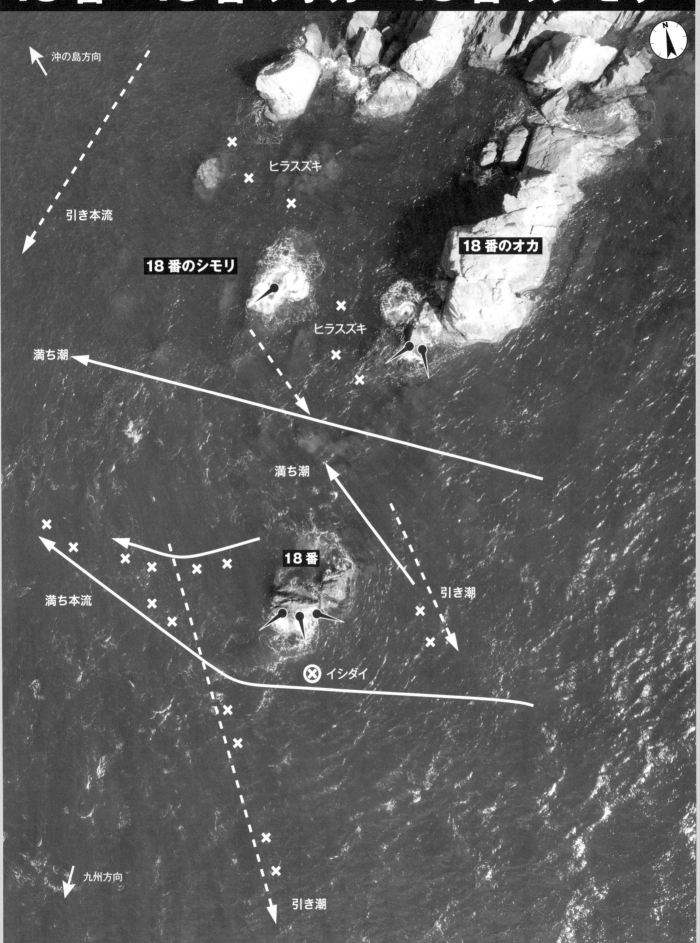

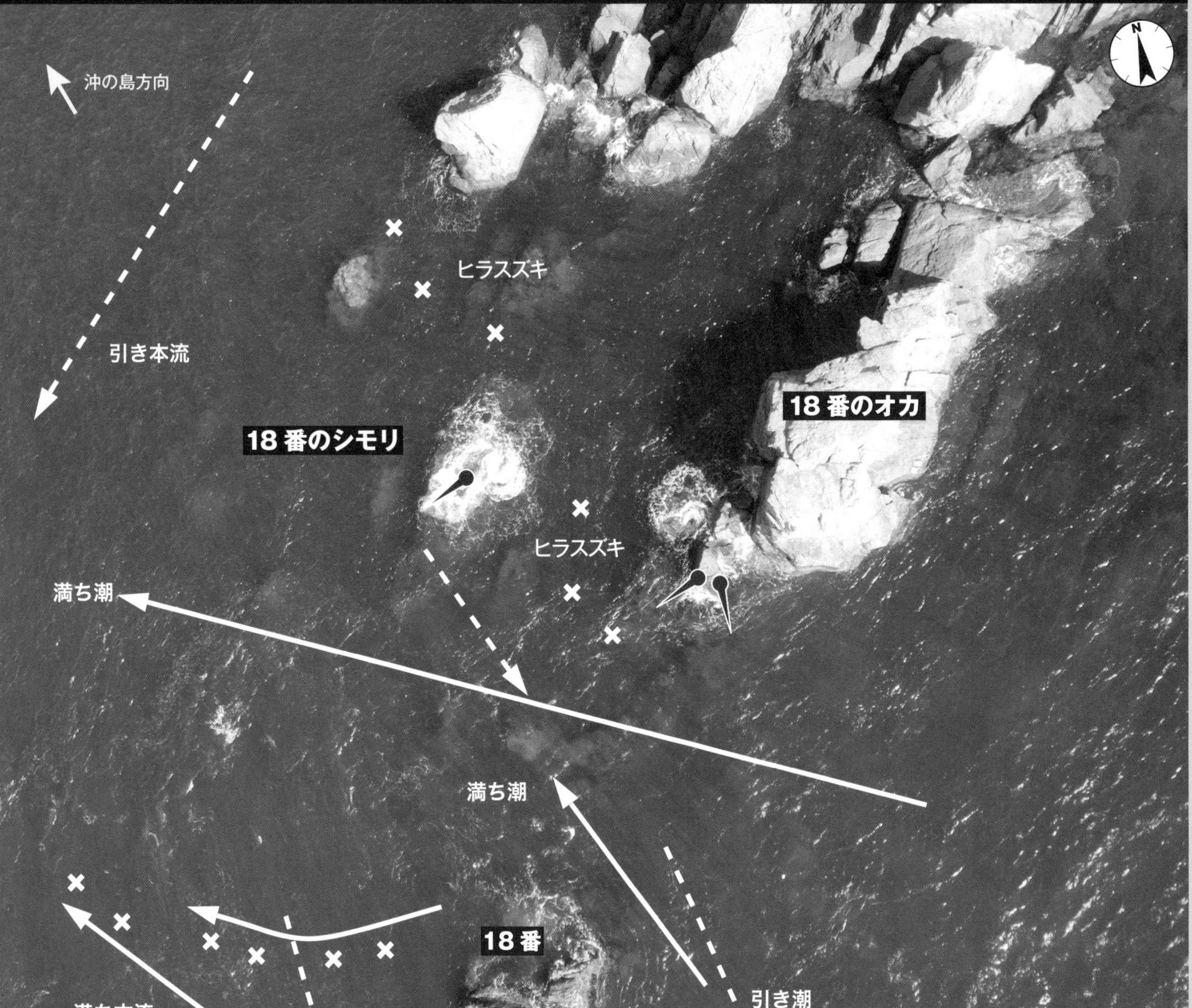

18番・18番のオカ・18番のシモリ

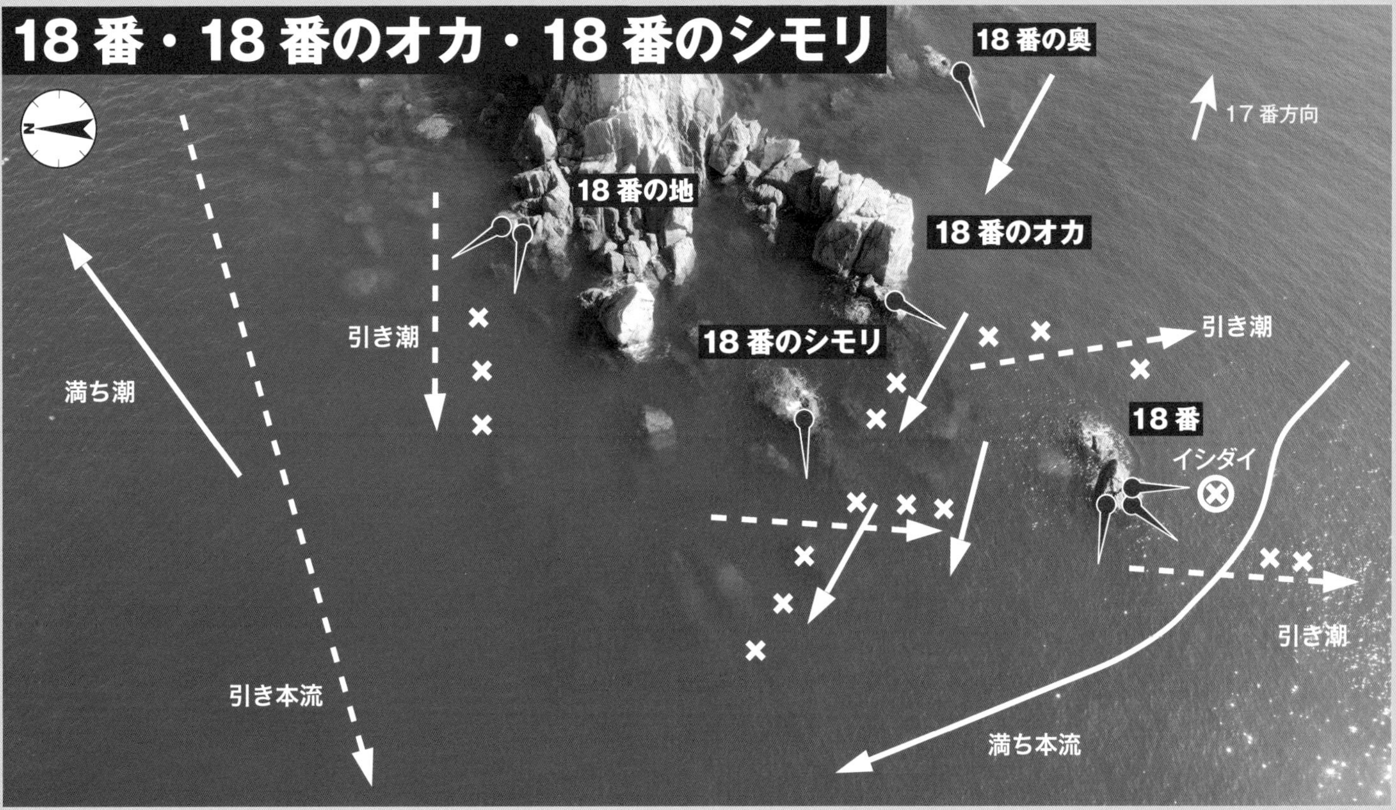

18番の奥
17番方向
18番の地
18番のオカ
引き潮
18番のシモリ
引き潮
満ち潮
18番
イシダイ
引き潮
引き本流
満ち本流

【18番】 日振島でも1級の釣り場。北西方向への満ちの本流をねらう。フカセで年中クチブトやオナガ、マダイ、イサギ、青ものが100m沖でも食う。カゴ釣りで春〜秋にマダイ、イサギ（特に引き潮時）、底物のイシダイは夏〜秋に南向きで満ち潮がねらいめ。ルアーなら陸向きでヒラスズキ。沖向きで青ものがねらえる。**【18番シモリ】** 18番と肩を並べる1級磯。フカセのポイントは北西方向30〜40m先にある水深12m、18mのシモリがねらいめ。**【18番のオカ】** 引き潮時は17番の西沖方向への流れを釣る。

18番の地

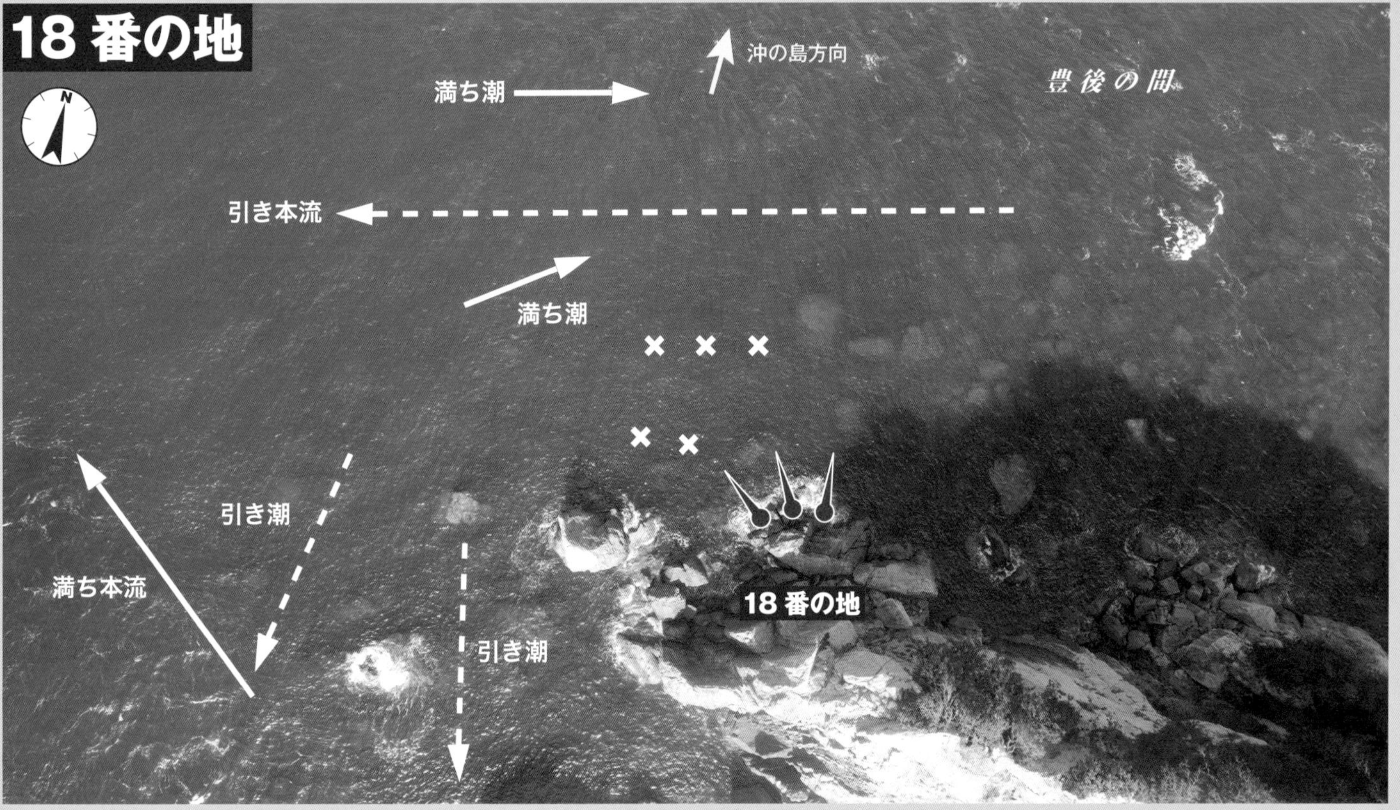

沖の島方向
満ち潮
豊後の間
引き本流
満ち潮
引き潮
満ち本流
18番の地
引き潮

両潮ねらえるが引き潮がよいグレ釣り場。沖向きに20mほど遠投し、引き潮に乗せて西へ流す。ウキ下は2〜3ヒロと浅めでよい。ルアーは春と秋にヒラズスキ、6〜10月は青ものがねらえる。

尾島《おじま》〜大崎《おおざき》

■本島北岸の磯だが尾島、尾島のハナレでは満ちの本流を100mほど流すと良型オナガグレが出る。ウキ下を深めにするとマダイ。水温が高めの時期は30〜40cmのクチブトが入れ食いになることも。大崎は年中クチブトが釣れるが梅雨や秋は小型が多い。明海周辺も含め全体的に競技志向のトーナメンターが数釣りで好んで磯上がりすることが多い。なかでも大崎の地は競技会の決勝でもよく使われる磯だ。

日振島
堺の間
喜路集落
大崎
大崎の地
大崎の中（右）
大崎の中（左）
大崎の間口

Area

尾島周辺

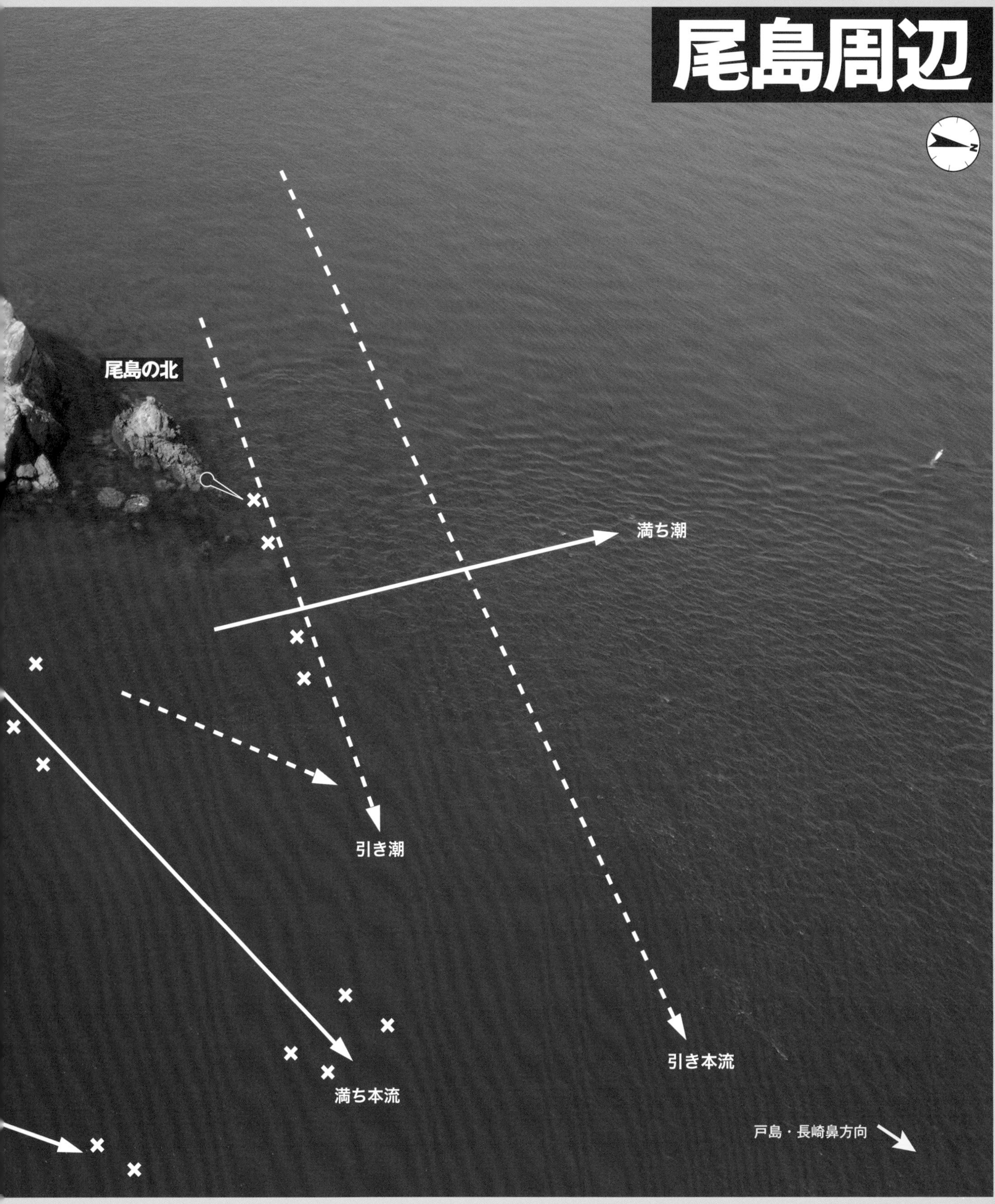

【尾島のハナレ】【尾島】 両潮 OK だがとくに満ち潮がよい。グレはオナガ、クチブトとも戸島・長崎鼻方向への満ち本流をねらう。100m ほど流すと良型のオナガ、マダイがヒットする。引き潮は横島方向に遠投する。ルアーで青もの、ヒラスズキもねらえる。

【尾島の北】 グレはクチブト、オナガとも引き潮がよい。速い引き本流に乗せて 20 ～ 30m 流すと良型が出る。大潮の日の引き潮は渡船が磯に着けにくいほど速い。

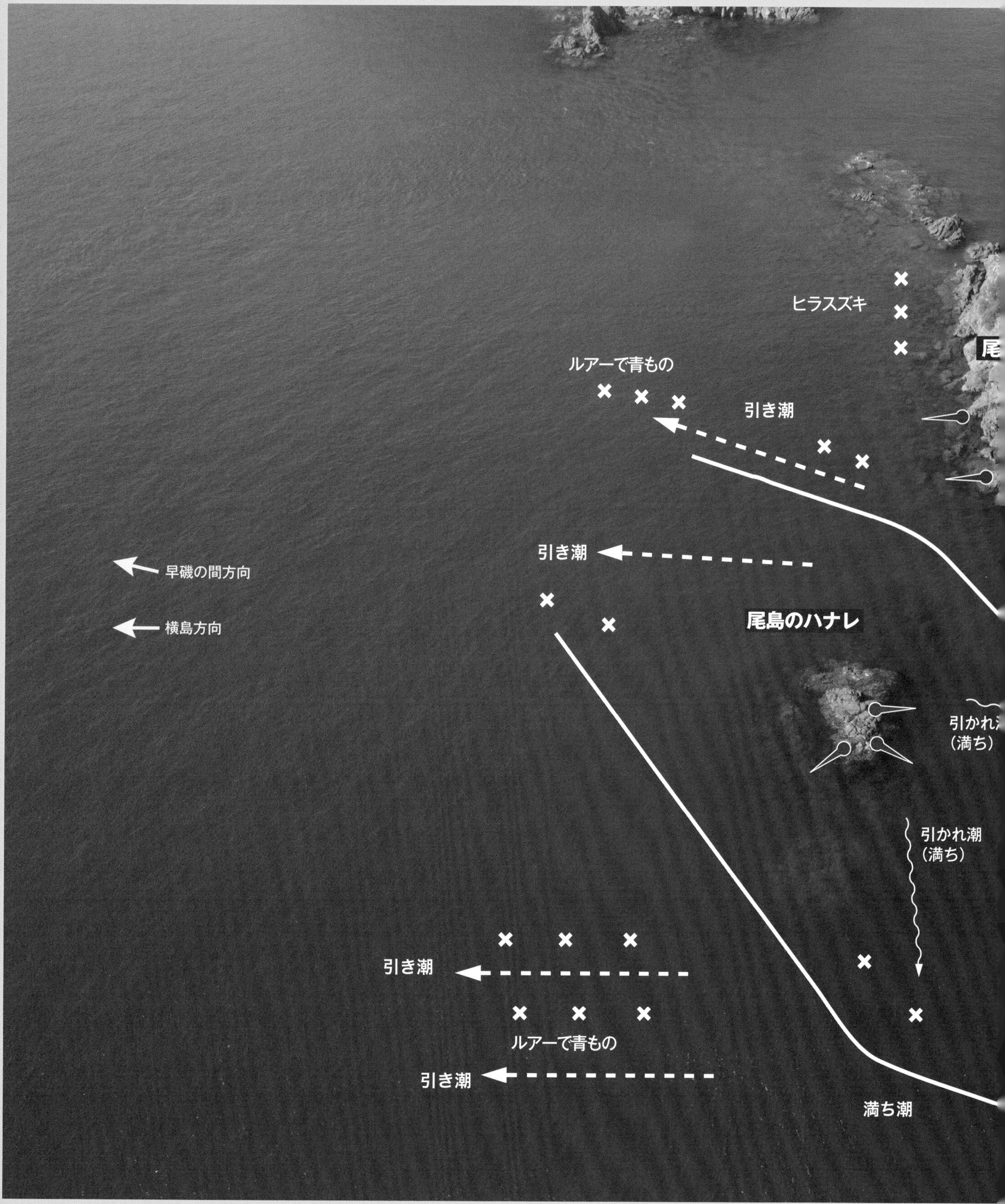
ヒラスズキ
尾
ルアーで青もの
引き潮
引き潮
早磯の間方向
横島方向
尾島のハナレ
引かれ
(満ち)
引かれ潮
(満ち)
引き潮
ルアーで青もの
引き潮
満ち潮

大崎の間口

満ち潮のグレポイントで、ウキ下 1.5 〜 2.5 ヒロで北向きに遠投してねらうのが鉄則。北西や北の風（風速 4 〜 5m）が吹き波気があるときが最高。夏はカゴ釣りでグレ、イサギが釣れる。引き潮は仕掛けの流れる方向が浅くなっているので釣りにくい。

大崎の中(左)

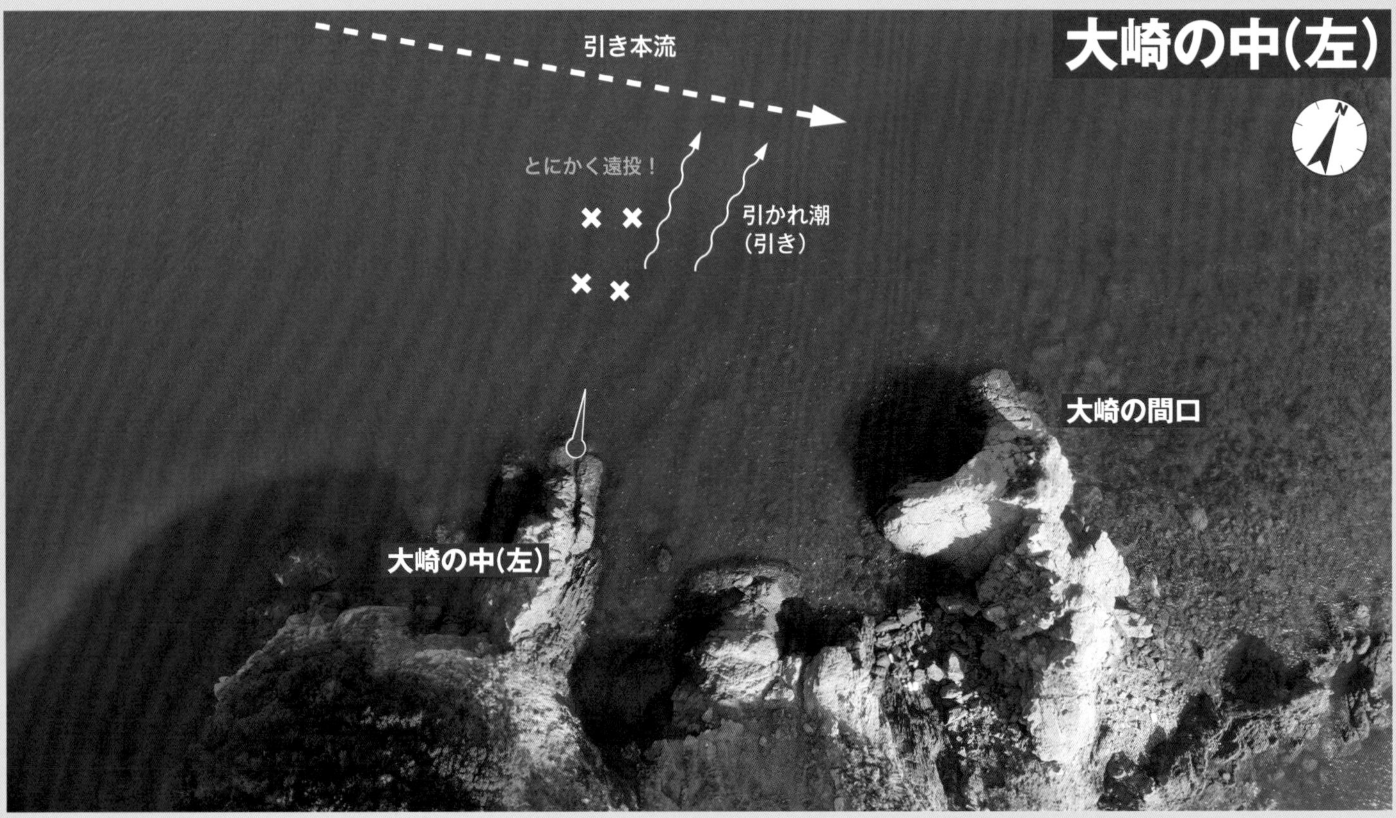

グレは北向きに遠投してねらう。ウキ下は 1.5 〜 2.5 ヒロで中型が数釣れることが多いが、北〜北東の風が強い日は荒れやすく釣りにくい。ちなみに梅雨時は 1.5 ヒロ、冬は 2 〜 2.5 ヒロのタナが目安になる。

大崎の中（右）・大崎の地（左奥）

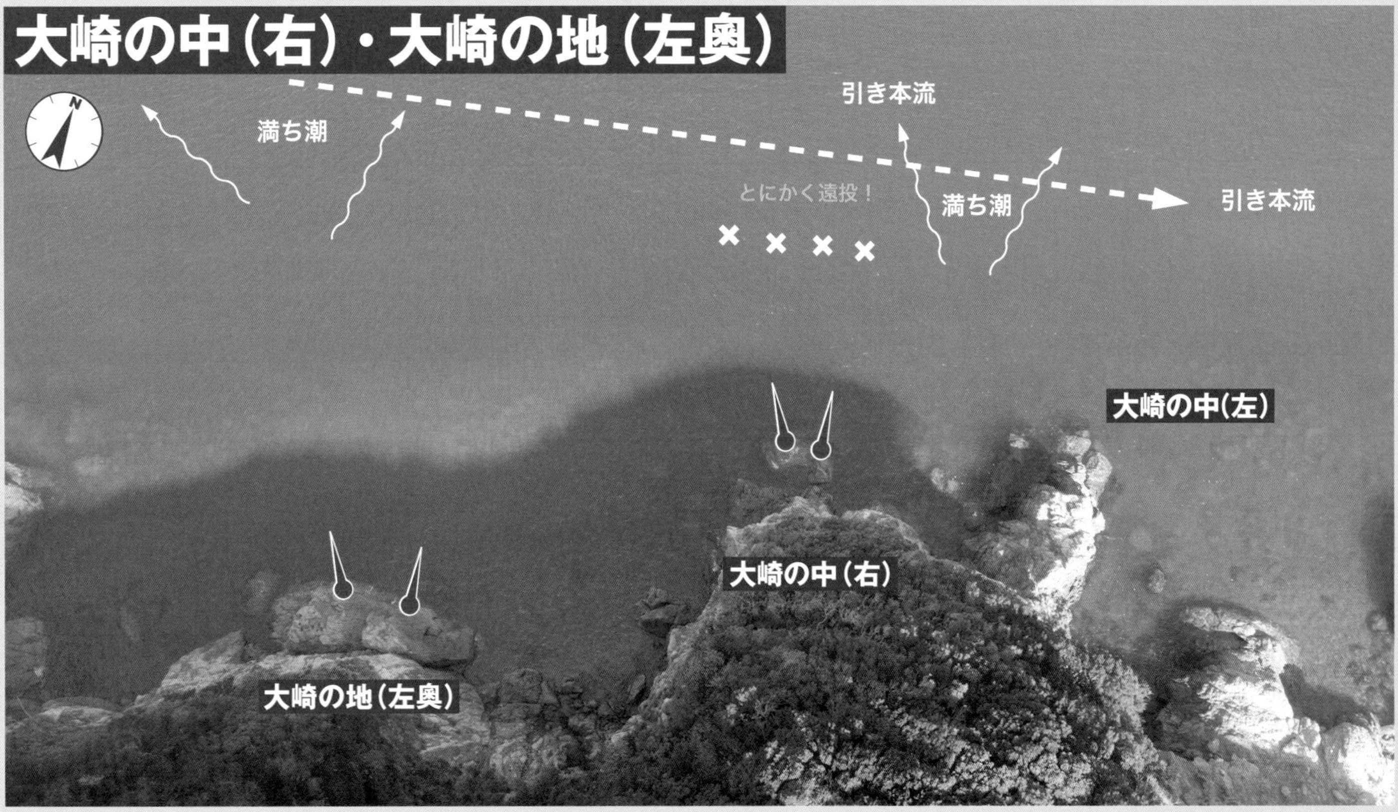
満ち潮
引き本流
とにかく遠投！
満ち潮
引き本流
大崎の中(左)
大崎の中（右）
大崎の地（左奥）

大崎の中（左）と同じでグレは北向きに遠投してねらう。ウキ下は 1.5 〜 2.5 ヒロで中型が数釣れることが多いが、北〜北東の風が強い日は荒れやすく釣りにくい。大崎の地（左奥）は釣り人が多いときの逃げ場で普段は磯上げしない。

大崎の地

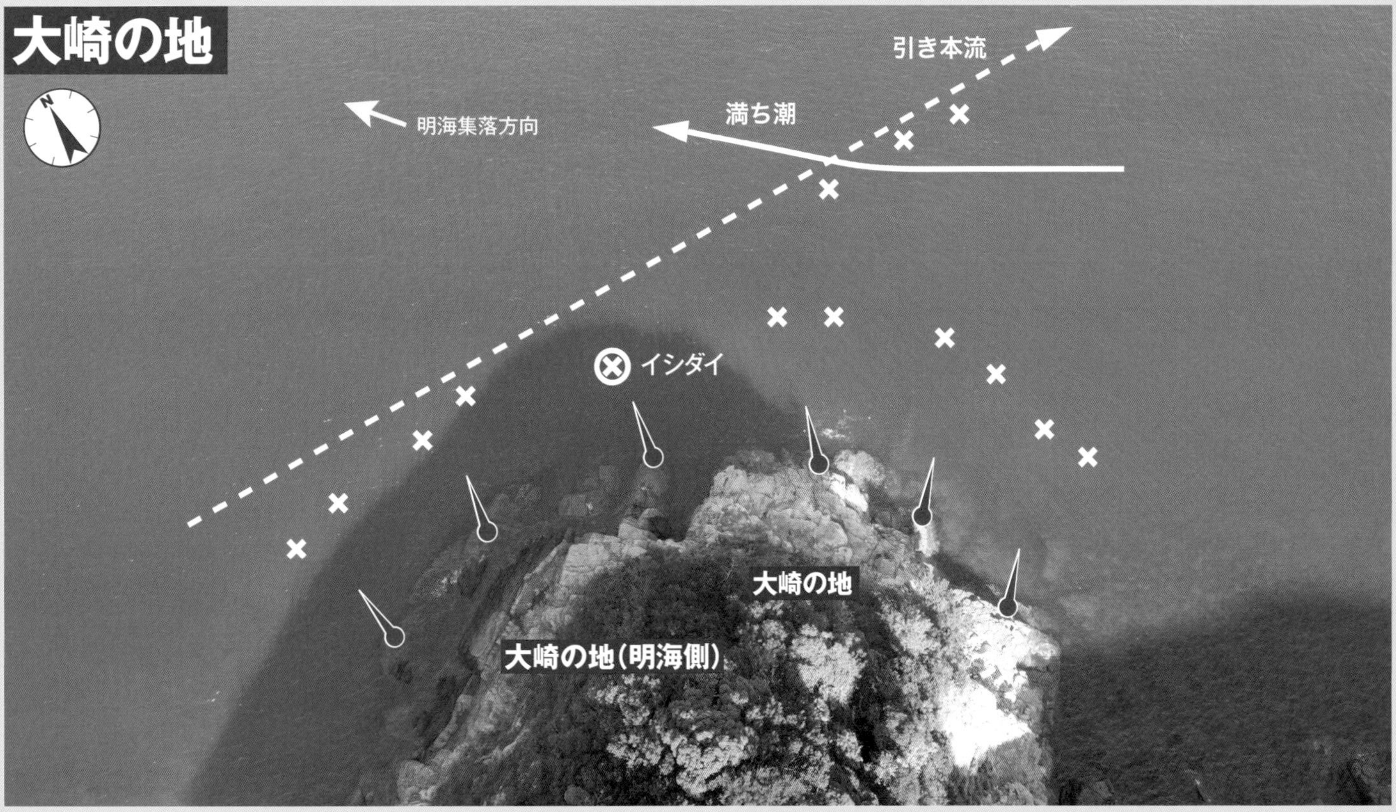
引き本流
明海集落方向
満ち潮
イシダイ
大崎の地
大崎の地(明海側)

［大崎の地］ 梅雨、秋〜冬のグレ釣り場でフカセは両潮 OK。水温が高い時期は中〜小型が中心だが水温が下がる冬は良型が出る。カゴ釣りなら春と秋にマダイ、夏はイサギが面白い。北寄りの風が強い日は磯上がり不可。

［大崎の地（明海側)］ グレは引き潮オンリー。磯と平行して流れる潮を釣る。中〜小型が多い。イシダイのポイントもある。

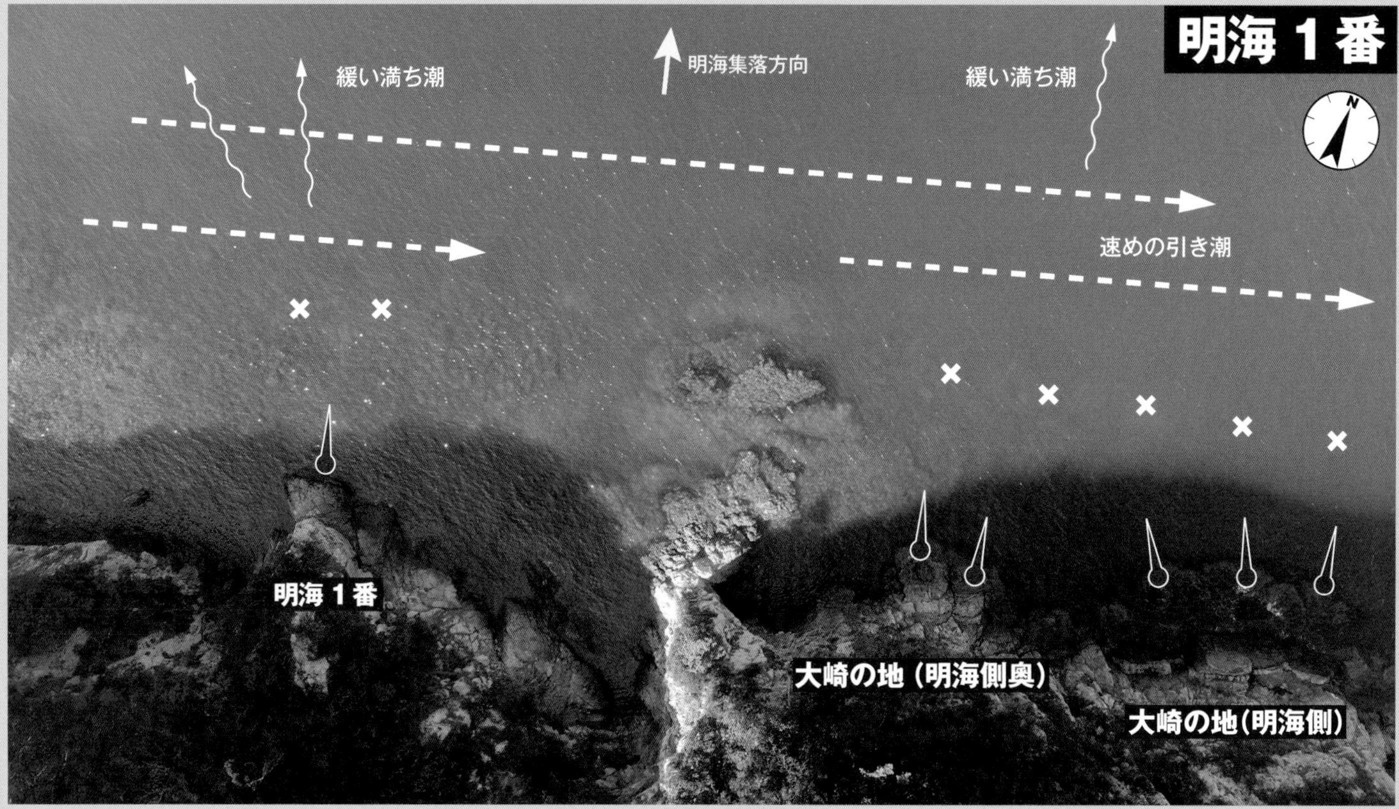
明海１番
緩い満ち潮
明海集落方向
緩い満ち潮
速めの引き潮
明海１番
大崎の地（明海側奥）
大崎の地（明海側）

明海１番〜大崎の地（明海側）は斜め前方にゆったり流れる満ち潮でも釣れるが、基本的に引き潮の釣り場。中〜小型メインのグレはとにかく遠投してねらう。競技会以外では南風が強い日のみの場所。北寄りの風が強い場合は磯上がりできない。

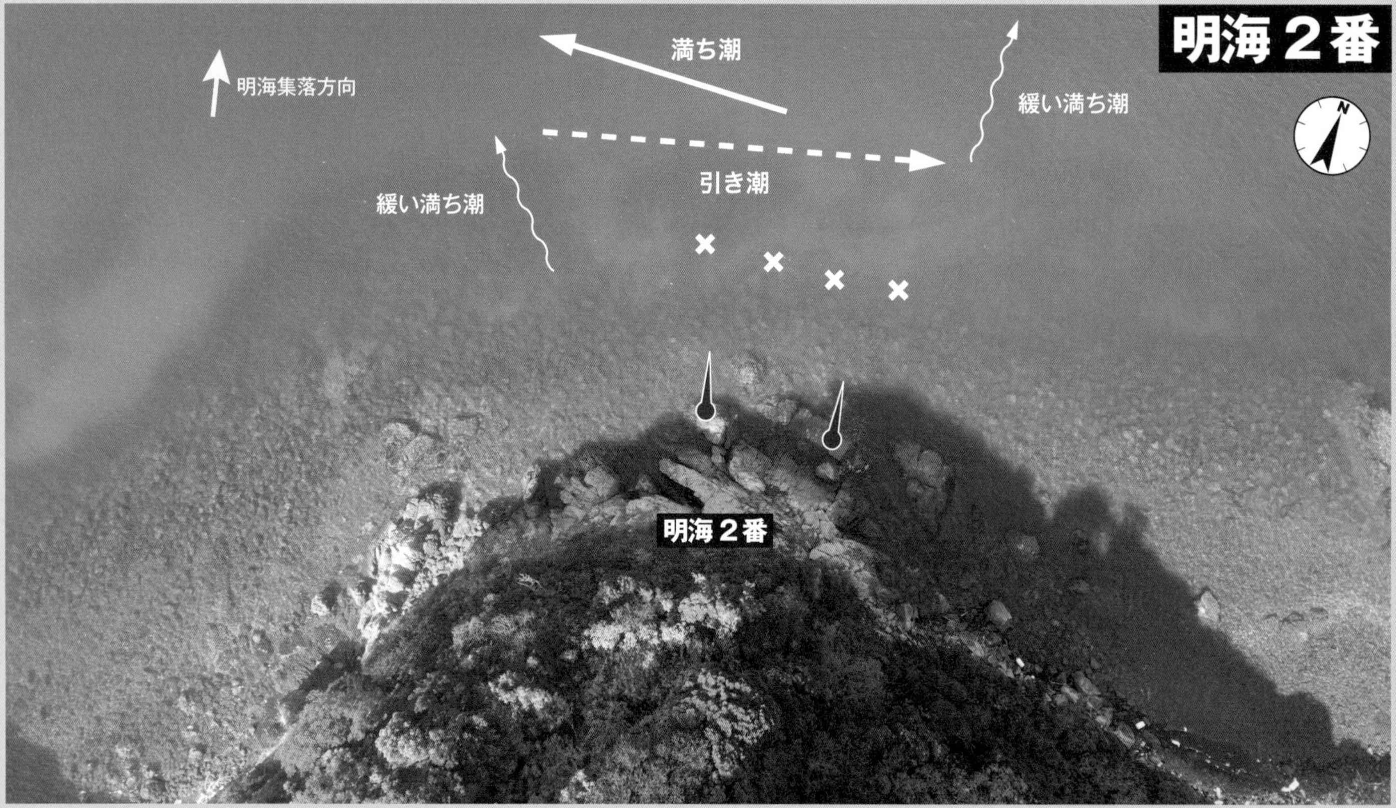
明海２番
明海集落方向
満ち潮
緩い満ち潮
緩い満ち潮
引き潮
明海２番

大崎の地（明海側）同様、競技会以外で磯上がりすることはまれ。基本的に引き潮の釣り場で中〜小型メインのグレはとにかく遠投してねらう。北寄りの風が強い場合は磯上がりできない。

明海３番

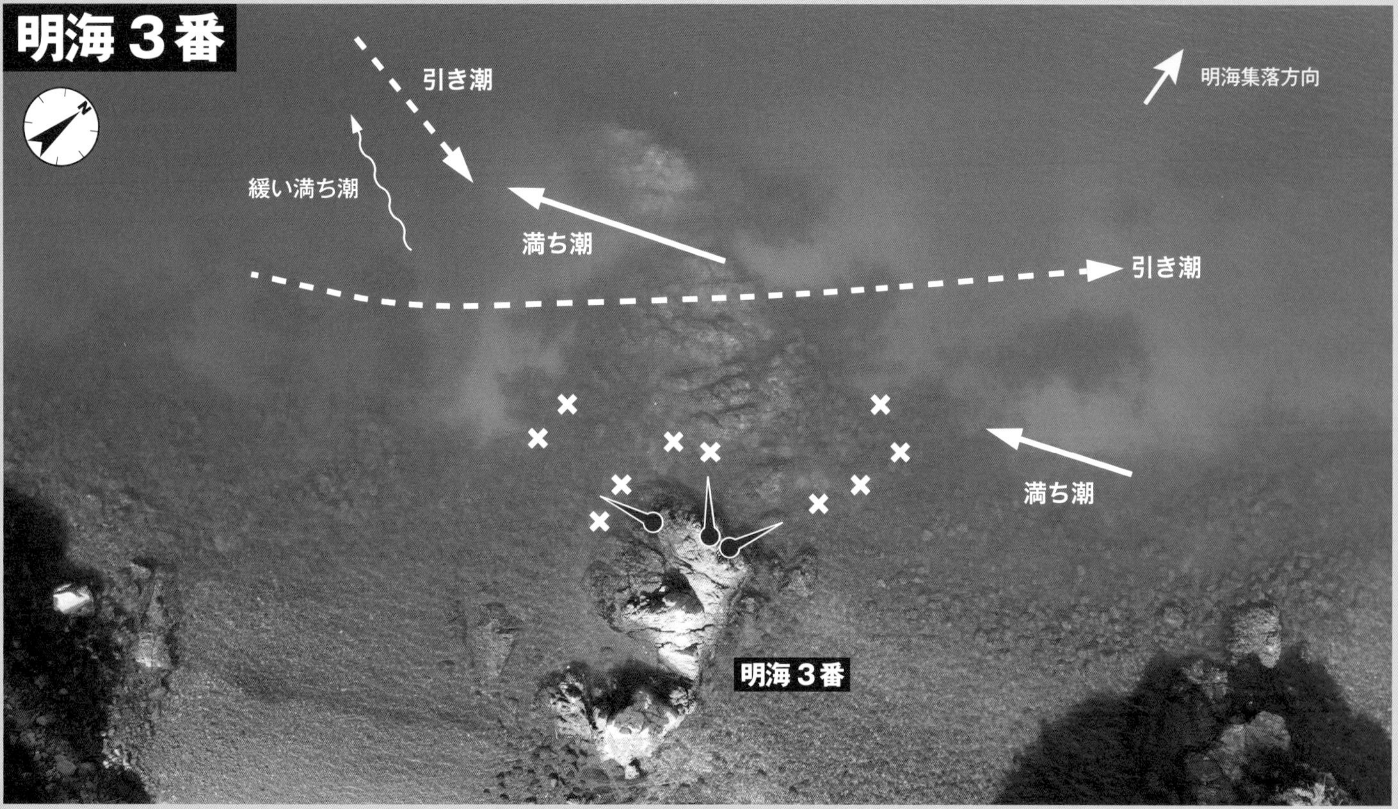

中〜小型グレがメインのトーナメント場だが、まれに良型も出る。シモリやカケアガリを目標に遠投するが沖一帯は砂底。北寄りの風が強い日は釣りにくい。

宮川バエ

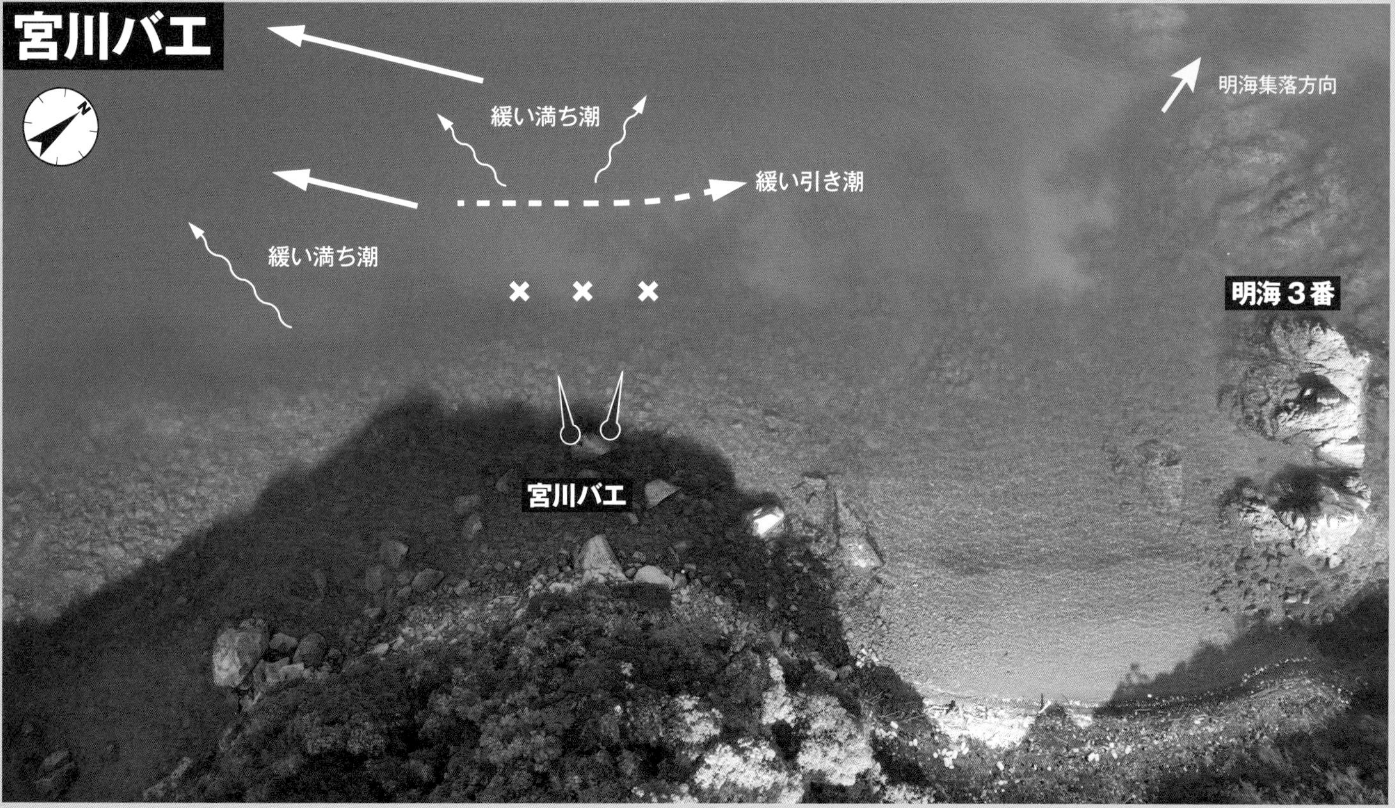

宮川バエも明海１〜３番同様、引き潮の釣り場。中〜小型メインのグレはとにかく遠投してねらう。競技会以外では南風が強い日のみの場所。北寄りの風が強い場合は磯上がりできない。

明海の中

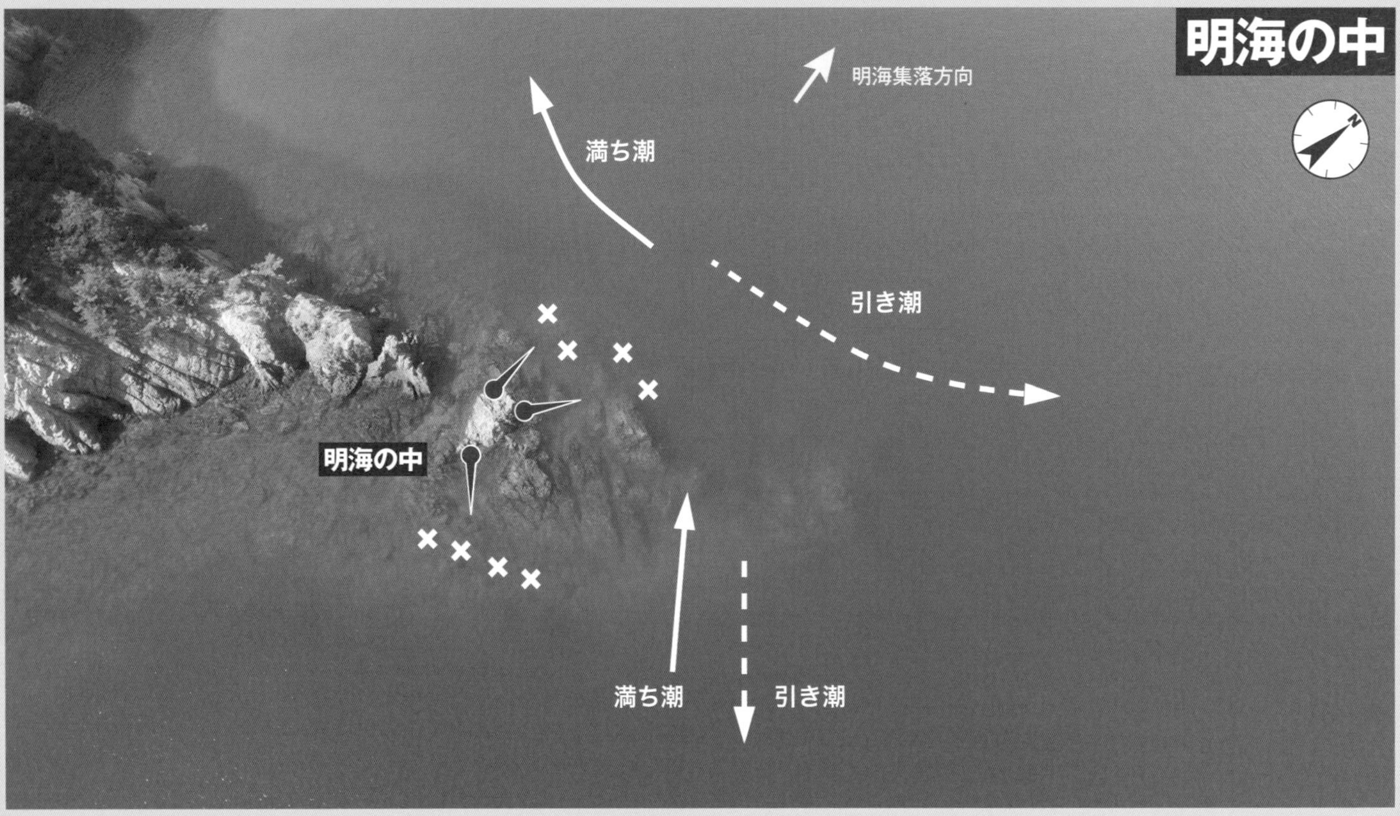
明海の中
明海集落方向
満ち潮
引き潮
明海の中
満ち潮
引き潮

グレは満ち引き両潮OK。トーナメントで磯上がりすることが多い。南風が強い日は、中〜小型メインに良型もまじるよいポイントになる。シモリの間を縫うように遠投してねらう。

明海４番・５番

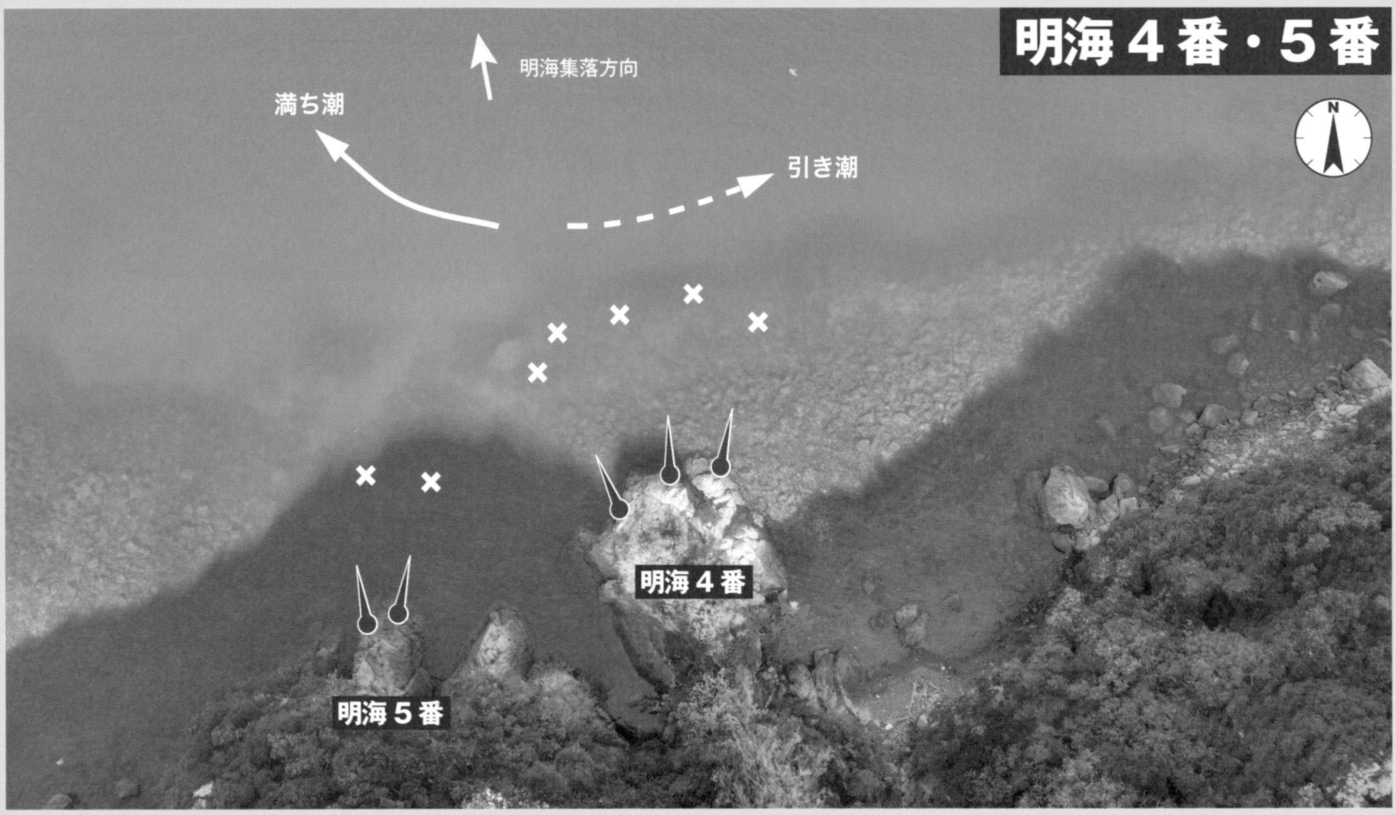
明海４番・５番
明海集落方向
満ち潮
引き潮
明海４番
明海５番

グレはトーナメントで磯上がりすることが多い。カケアガリを中心に遠投してねらうが仕掛けだけでなくマキエも遠投し、上手く仕掛けに同調させないと数を釣るのが難しいポイント。

日崎海水浴場（ビーチ前１～３番）

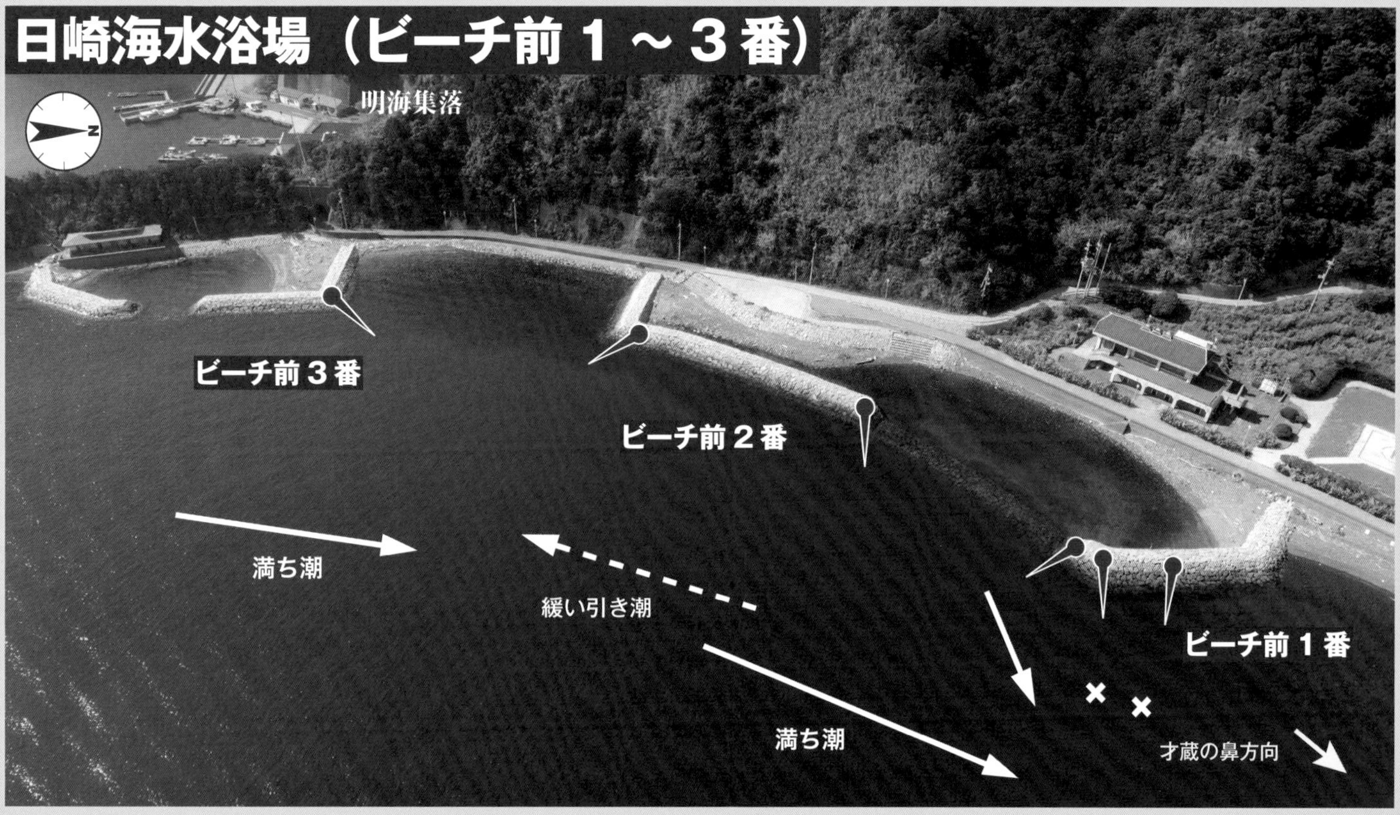
明海集落
ビーチ前３番
ビーチ前２番
満ち潮
緩い引き潮
満ち潮
ビーチ前１番
才蔵の鼻方向

明海の日崎海水浴場にある石積み波止。トーナメントで使用されることが多いが才蔵の鼻方向に流れる満ち潮のときに遠投すると中小型メインに良型まじりでグレが釣れる。シーズンは梅雨～初冬。南東、東、北東の風以外に強いポイント。

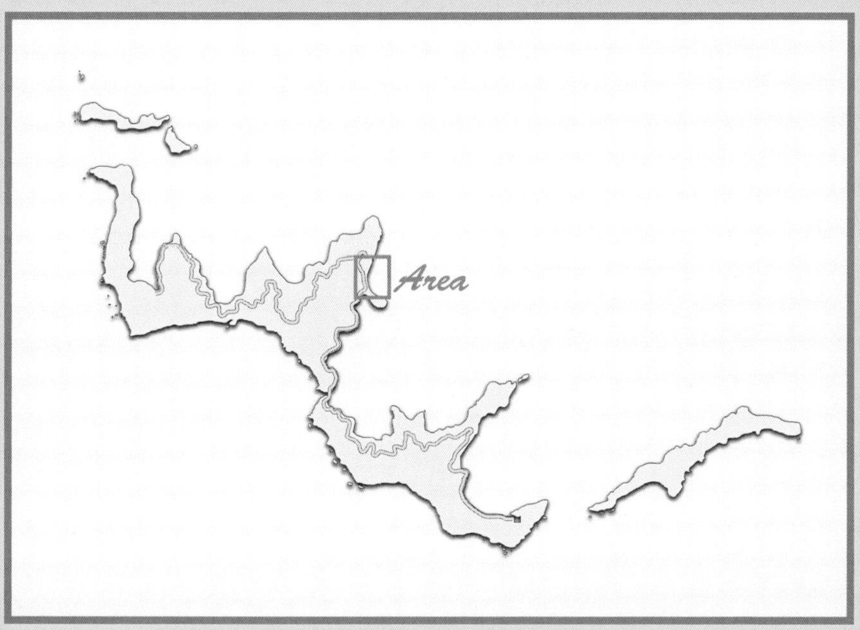
Area

才《さい》蔵《ぞう》の鼻《はな》

■ほとんどグレのポイント。才蔵鼻は潮通しがよく100mほど本流に乗せて仕掛けを流し込むと40cm前後のオナガまじりで2ケタ釣果も。本島北岸では尾島と並ぶオナガ場で40cm以上の良型もいるが、細ハリスを使う人が多いのでシモリもきつくバラシが多発。ヤズ、ハマチなどの青ものの回遊があればルアーも面白い。秋口はエギングでアオリイカ。グレ釣りファンも潮止まりの時間帯に餌木を投げる人が多い。

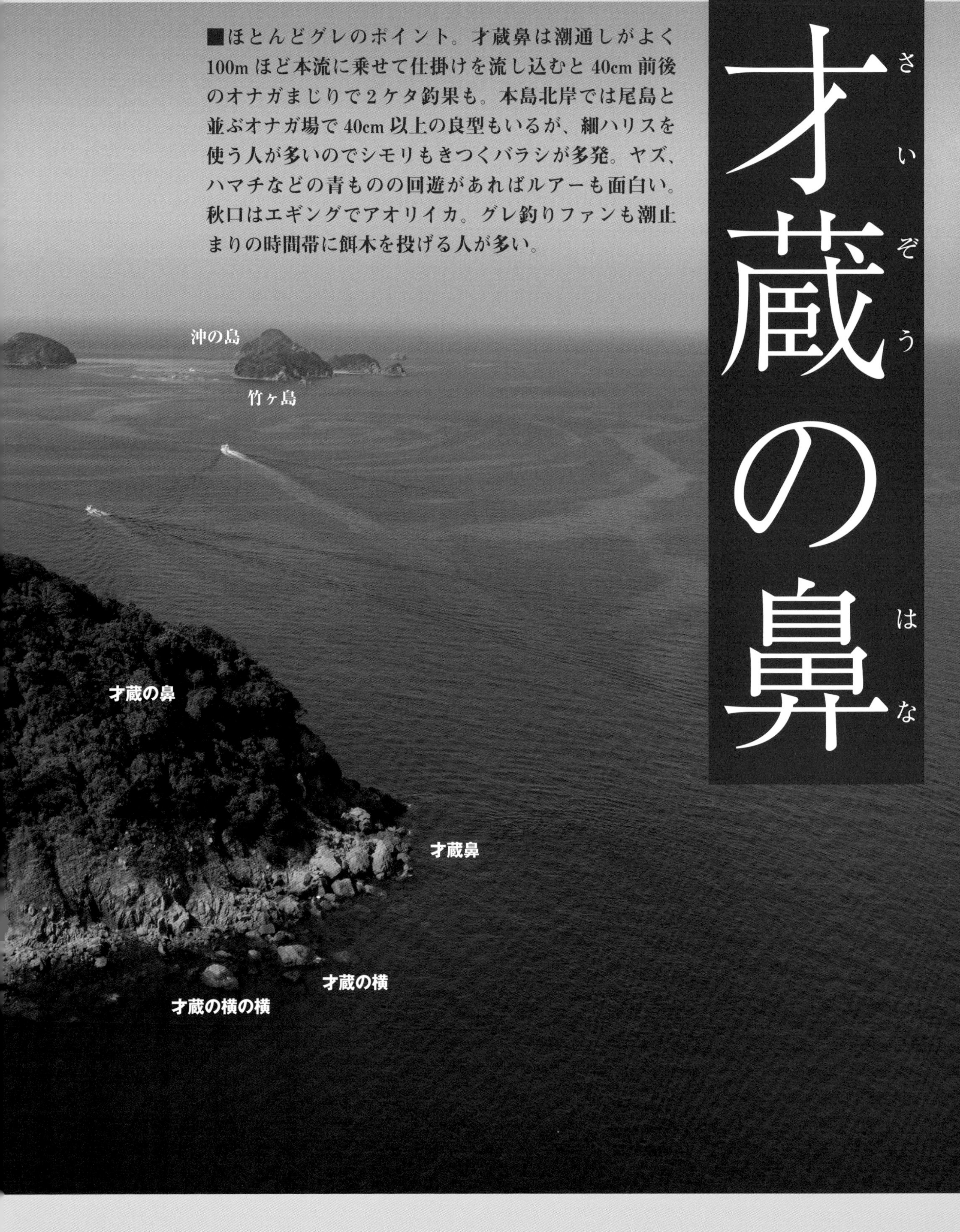
沖の島
竹ヶ島
才蔵の鼻
才蔵鼻
才蔵の横
才蔵の横の横

Area
日振島
明海集落

才蔵鼻の横

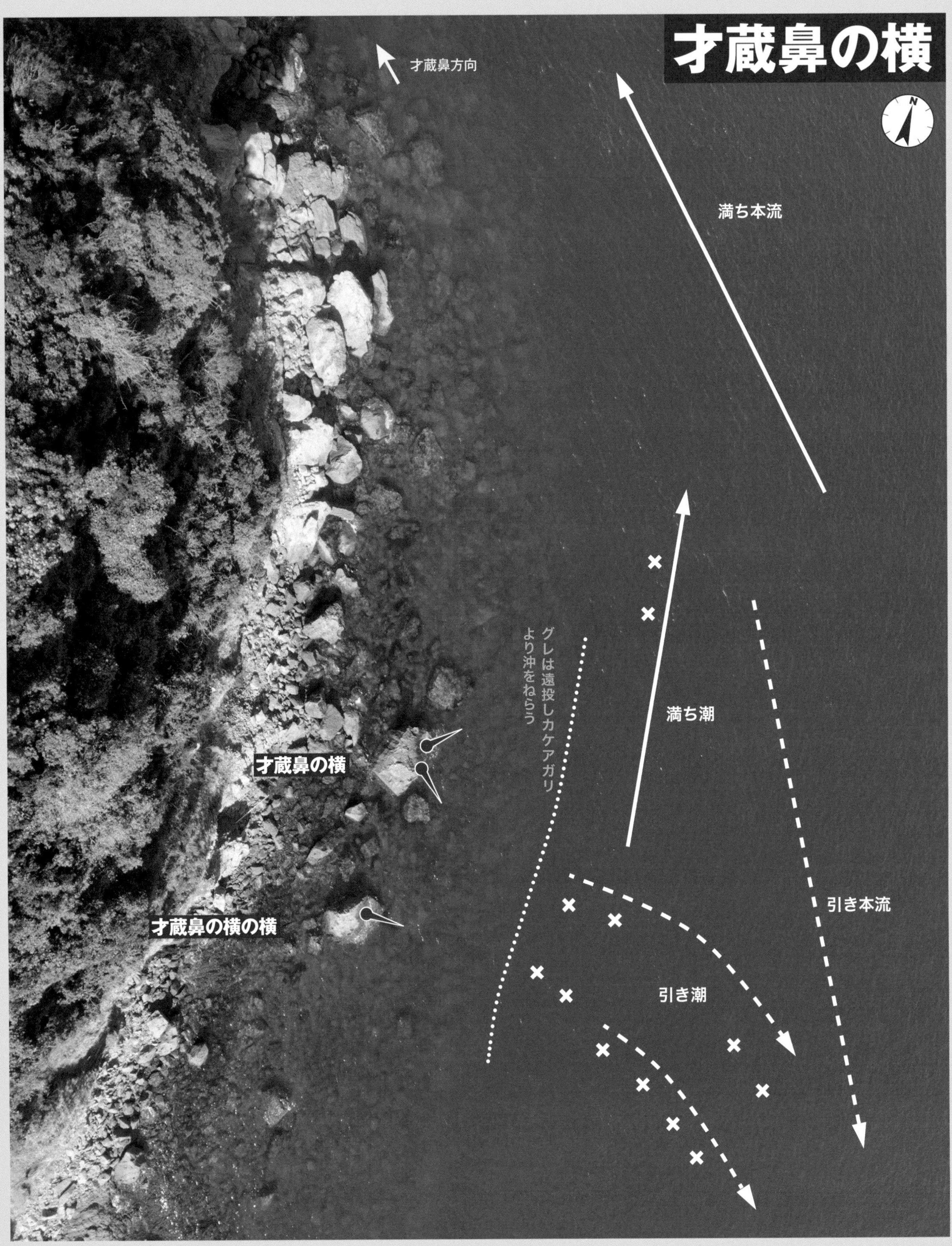

才蔵鼻方向
満ち本流
満ち潮
グレは遠投しカケアガリより沖をねらう
才蔵鼻の横
才蔵鼻の横の横
引き潮
引き本流

才蔵鼻の横、横の横ともグレは手前のカケアガリより沖に仕掛けを入れ、そこから流すのが基本。ウキ下の目安は初夏〜秋が 1.5 〜 2 ヒロ、冬〜春は 2 〜 3 ヒロである。両潮ねらえるが引き潮の場合は南東方向に超遠投するとオナガも当たる。カゴ釣りをするとイサギも釣れる。ともに定員は 1 人ずつ。南寄り、北寄りの風が強い日は渡礁不可。

才蔵鼻

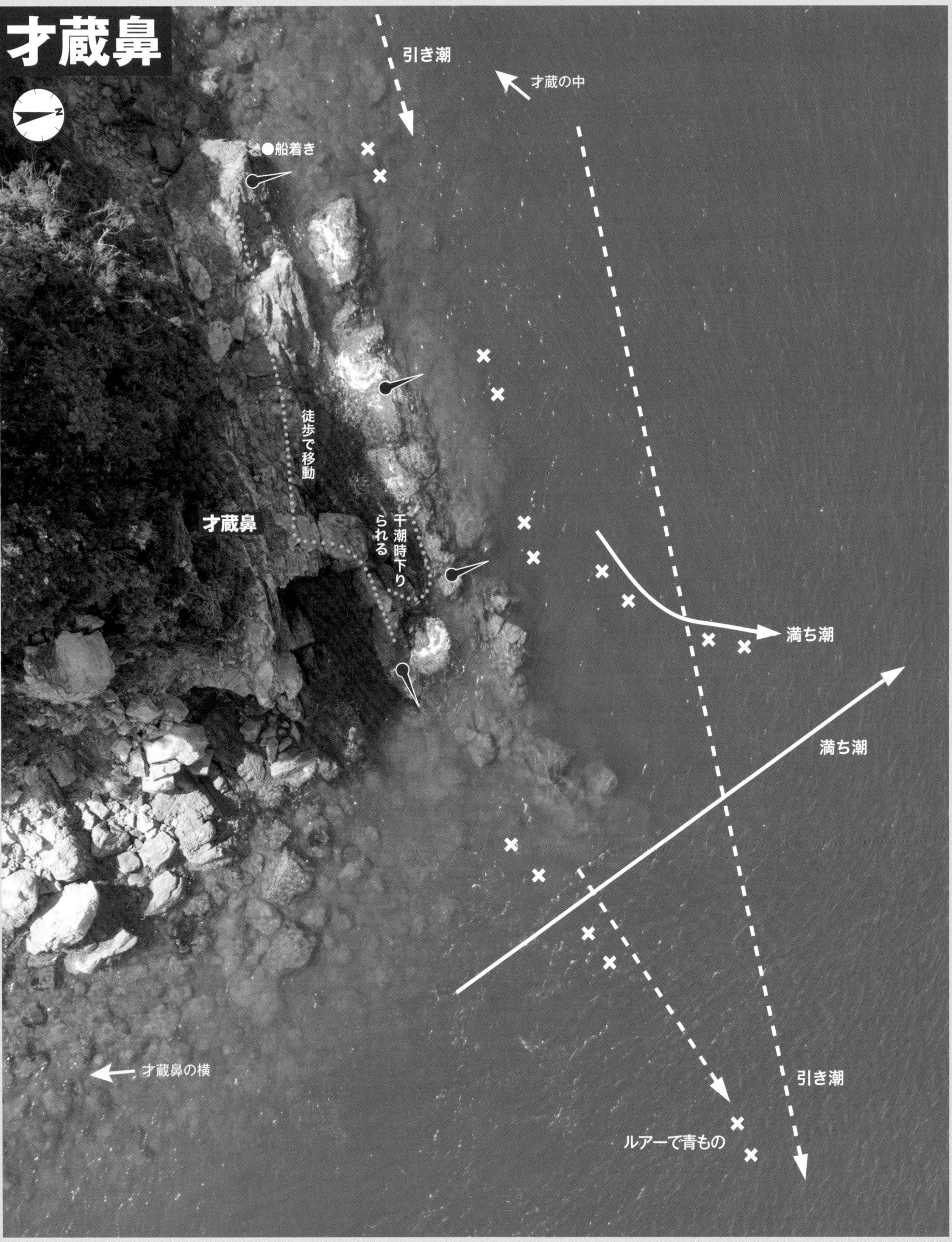
引き潮
才蔵の中
●船着き
徒歩で移動
才蔵鼻
干潮時下りられる
満ち潮
満ち潮
才蔵鼻の横
引き潮
ルアーで青もの

中小型のクチブトがメインだが年中ねらえるグレ釣り場で日振島の北回りでは A 級の磯。冬期は小荒れの日や南寄りの風が強い日に良型のクチブトが出る。100m ほど沖まで仕掛けを流すと良型のオナガがヒットすることも。ルアーで青ものもねらえる。北東〜北西風が厳しい日は磯上がり不可。定員 3 人。

才蔵の中

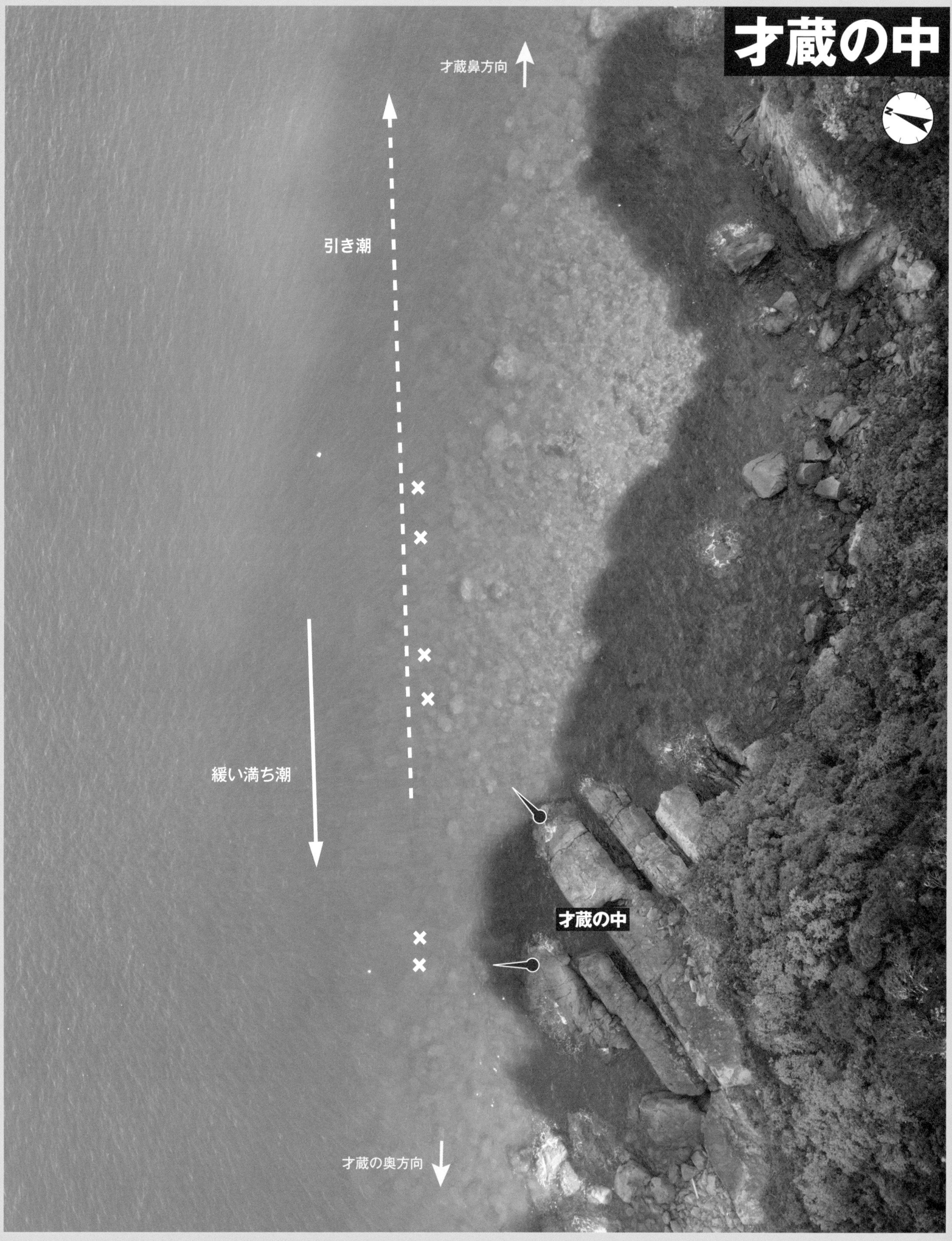
才蔵鼻方向
引き潮
緩い満ち潮
才蔵の中
才蔵の奥方向

ウキ下２～３ヒロのフカセ仕掛けを引き潮に乗せ、才蔵鼻方向に 20 ～ 30m 流すと中小型のクチブトグレ、オナガグレをメインに数が釣れ良型もまじる。年中ねらえるが西～北～東の風がモロに当たる。定員は２人だが隣の足場に１人は釣り可能。

才蔵の奥

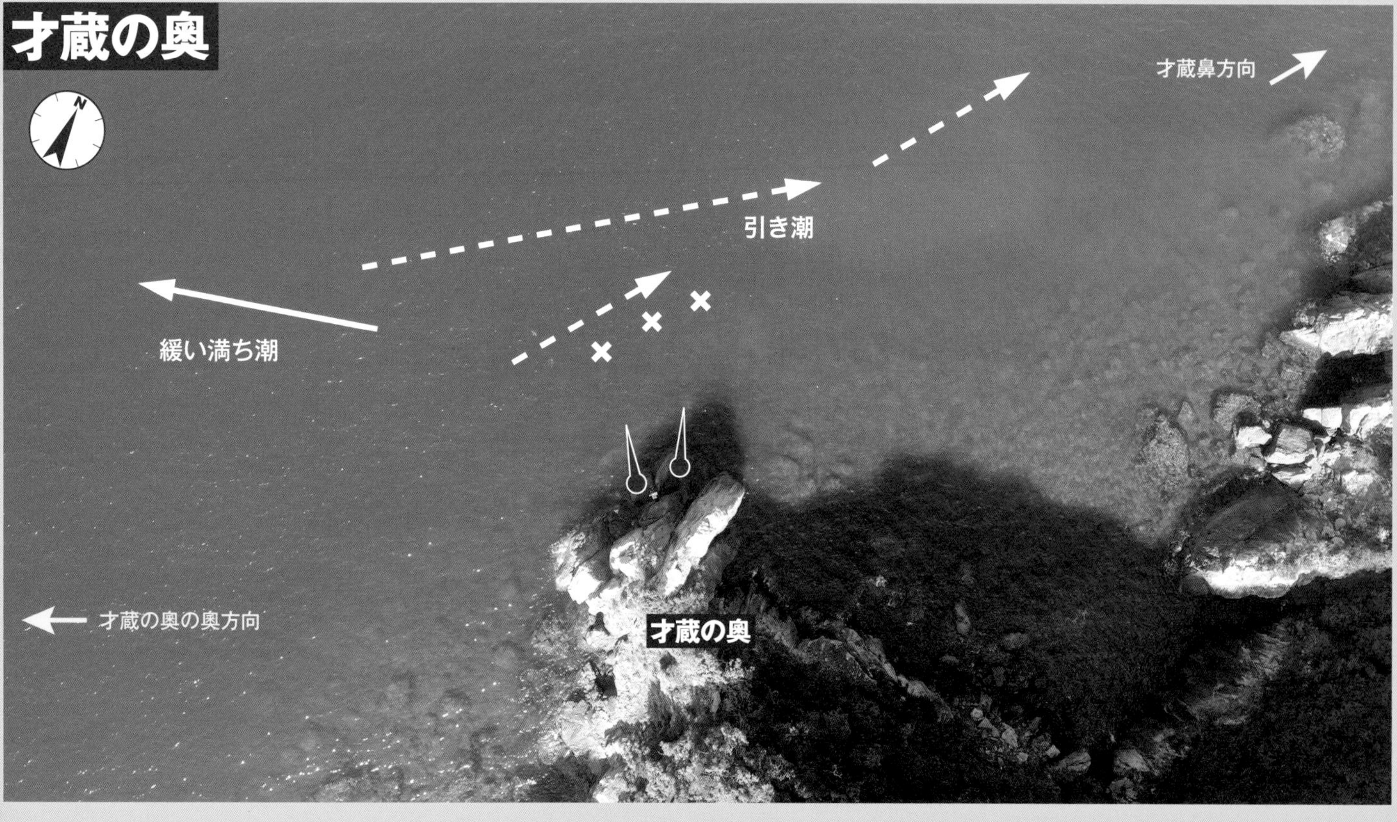
才蔵の奥
才蔵鼻方向
引き潮
緩い満ち潮
才蔵の奥の奥方向
才蔵の奥

グレはやや左か正面に遠投し引き潮に仕掛けを乗せ才蔵鼻方向に流す。中小型グレの数釣り場。小荒れの日は良型も出る。定員は１～２人。

才蔵の奥の奥

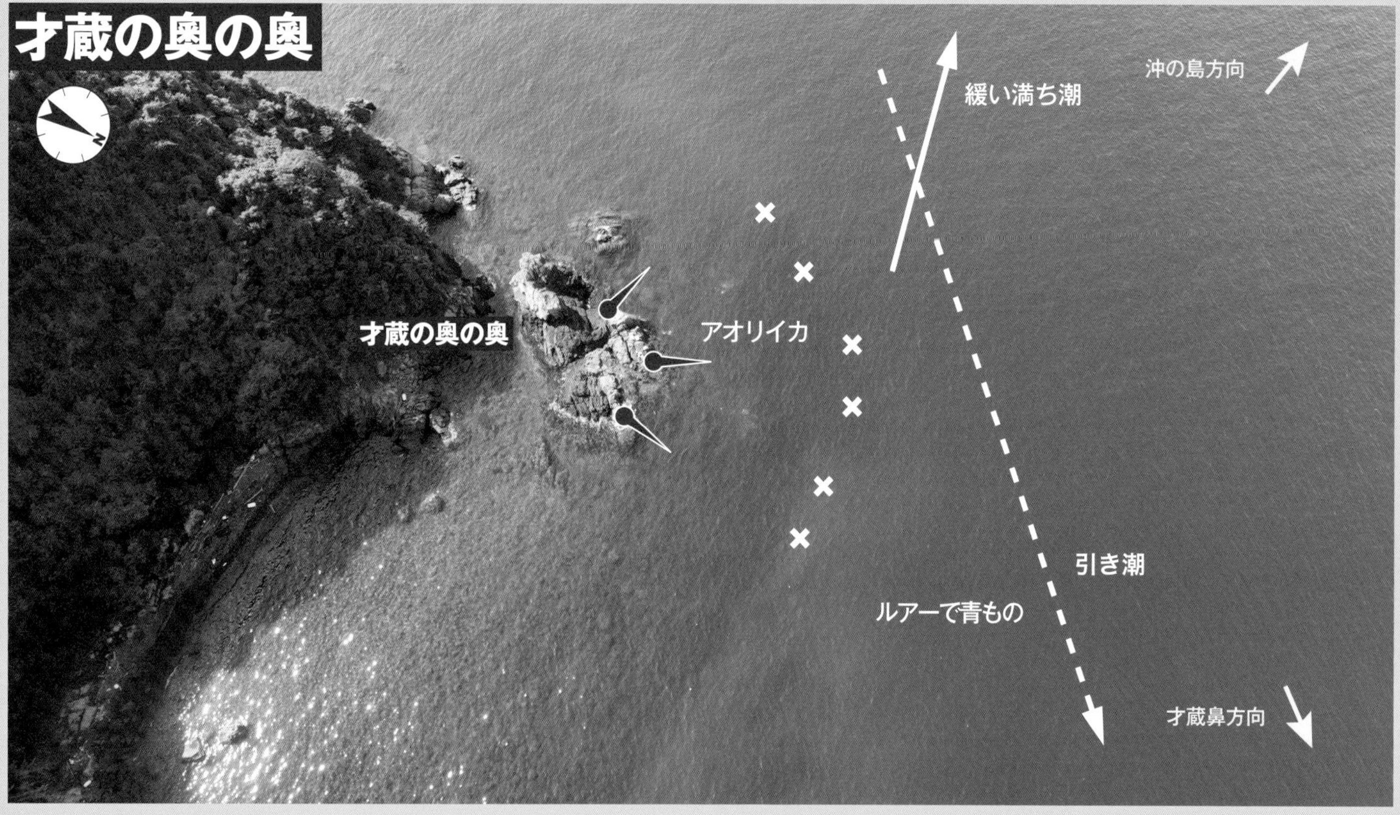
才蔵の奥の奥
緩い満ち潮
沖の島方向
アオリイカ
才蔵の奥の奥
引き潮
ルアーで青もの
才蔵鼻方向

梅雨、秋～春のグレの数釣り場でクチブト中心。中小型が数多いが良型もまじる。磯が大きく小荒れでも磯上がり可能で、そんな日は良型のチャンス。トーナメントでもよく使用される。定員は３人。秋はアオリイカがよく釣れる。ルアーで青ものやオオモンハタなどロックフィッシュもねらえる。

能《の》登《と》・竹《たけ》ヶ《が》島《しま》

■能登１～３番はトーナメントなどで数釣りをする場合にのみ磯上がりする場所。竹ヶ島の北は梅雨時期にクチブトグレの中型メインに42～43cmまじりで数釣れることがある。ルアーは周年面白く、青もの、ヒラスズキ、ロックフィッシュとターゲットも豊富。アオリイカのエギングも楽しい場所だ。

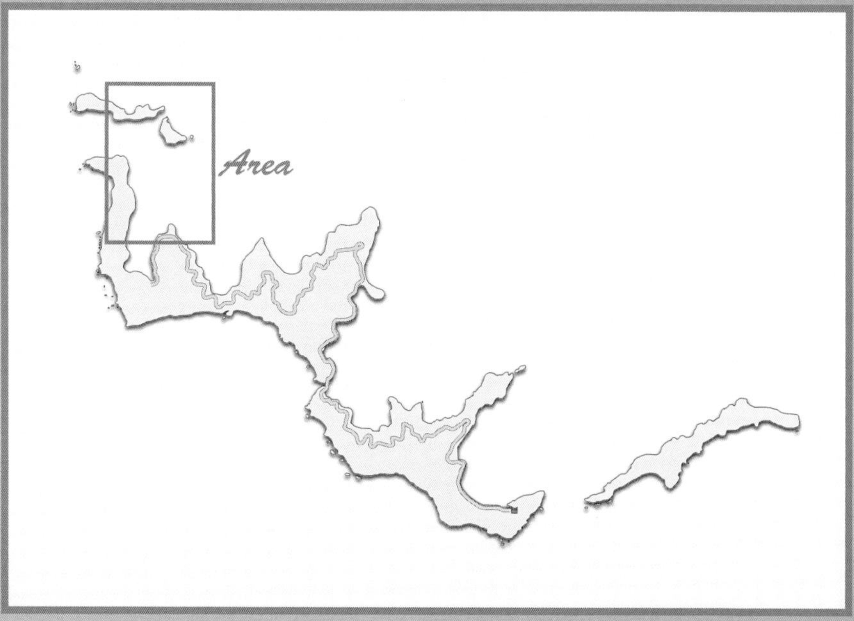
Area

日振島
能登
能登１～３番
才蔵の鼻

能登１～３番

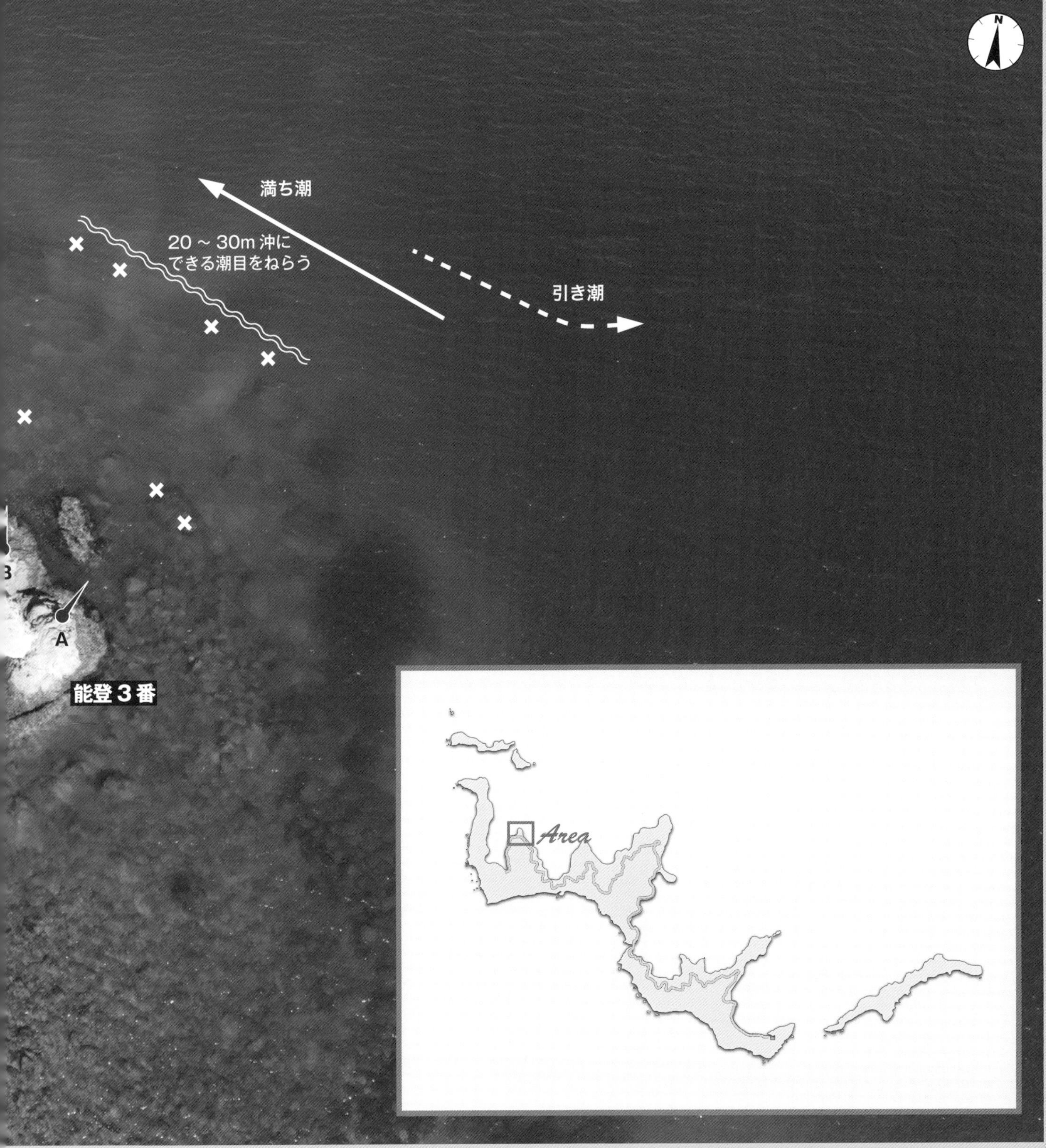

梅雨、秋～春のグレ釣り場。中小型の数釣りがメインだが、ときおり 40cm 級も出る。一帯はアオリイカも多い。

[能登１番] 定員１人。トウフのような岩で干潮時は海面から高い。梅雨グレは良型がよく釣れる。

[能登２番] 定員１人。足場が悪いので磯上がりするのはまれ。

[能登３番] 能登１～３番中のベストポイントで定員２人。グレはフカセ釣りで 20～30m 沖にできる潮目をねらう。特に満ち込みに分があり寒期、梅雨時期とも 40cm オーバーが出る。A は船着き場で足場が高く遠投しやすい。B は干潮時に下りられる低い足場。

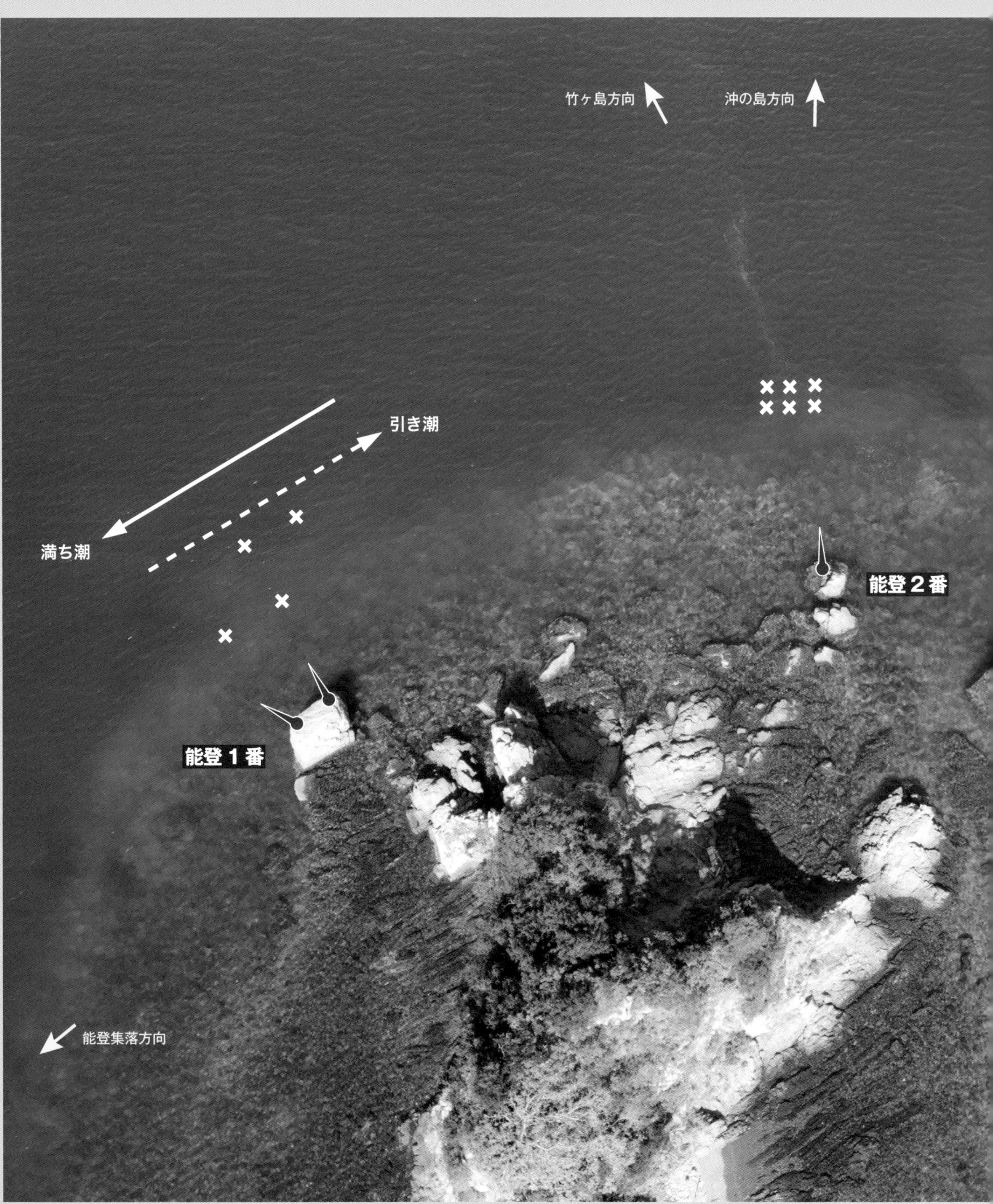
竹ヶ島方向
沖の島方向
引き潮
満ち潮
能登２番
能登１番
能登集落方向

竹ヶ島の北

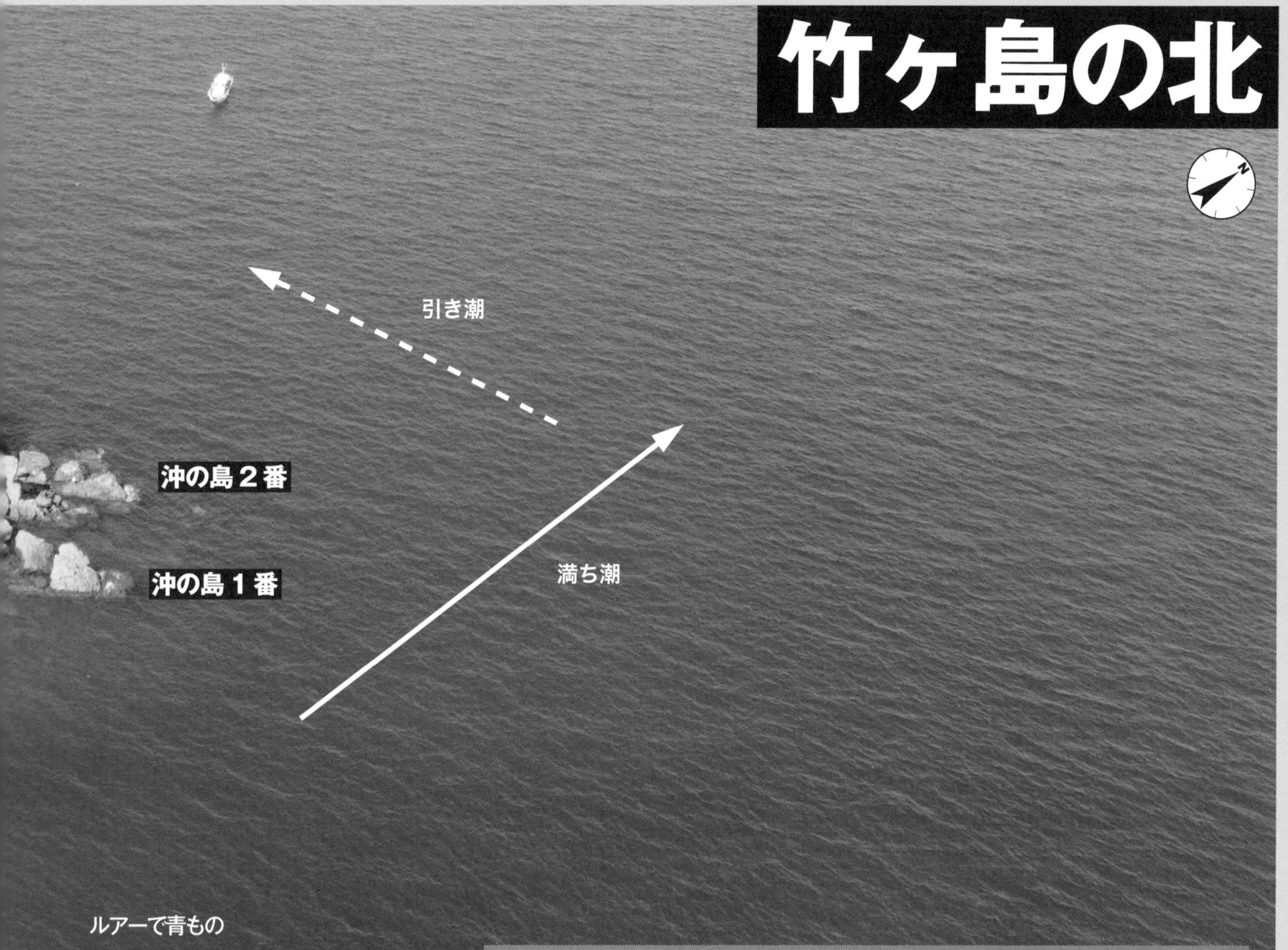

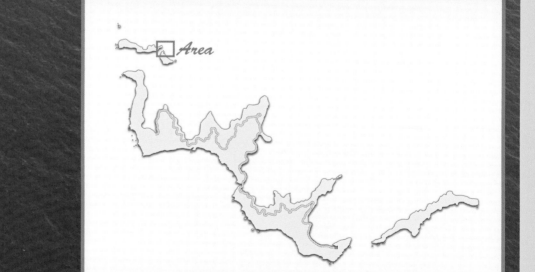

フカセもカゴも満ち潮メインの釣り場。フカセのグレは梅雨時期と秋〜春に中小型メインに良型もまじる。イサギはフカセまたはカゴ釣りで初夏から秋がシーズン。カゴ釣りではマダイも出る。ルアーでは６～11月にハマチ、カンパチ、ヒラマサなど青ものが満ち潮時に面白い。カサゴやオオモンハタなどロックフィッシュも多い。秋はアオリイカもよく釣れる。

沖の島
沖の島３番
満ち潮
引き潮
アオリイカ
竹ヶ島の北
ロックフィッ
アオリイカ

沖《おき》の島《しま》東《ひがし》

■沖の島１番は竹ヶ島の北と似た傾向がありルアーで青もの、ロックフィッシュなどが面白い。沖の島２番、３番はフカセでグレとイサギ、カゴ釣りで沖へ遠投するとマダイも多い。沖の島の桟橋から徒歩でエントリーするサーフはヒラスズキ、青ものをねらうルアーマンに人気がある。ただし本土から島に泳ぎ付いて住み着いたイノシシが出没することがあるので要注意。

カモメ島
沖の島
桟橋

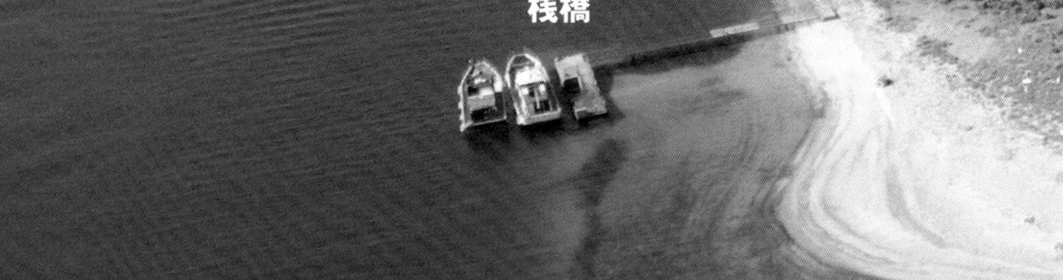
Area

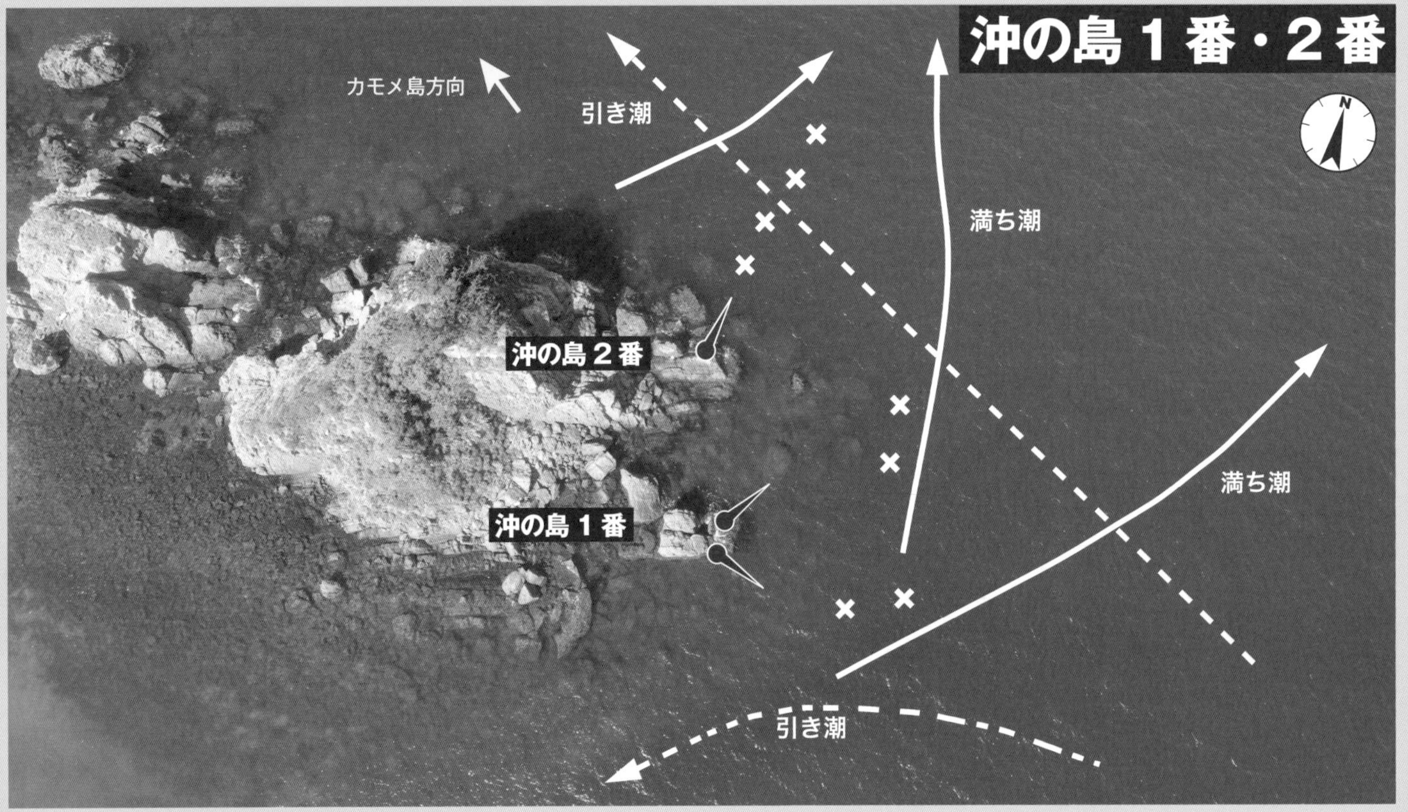
沖の島1番・2番
カモメ島方向
引き潮
満ち潮
沖の島2番
沖の島1番
満ち潮
引き潮

【沖の島1番】 フカセでグレ、カゴでイサギ。満ち潮がよい。ルアーで青もの、ロックフィッシュもねらえる。定員1人。

【沖の島2番】 ポイントの北向き左右にシモリがあり釣る方向が限定されるが沖はドン深でカゴでイサギやマダイが出る。グレのフカセは20m以内を釣る。いずれも満ち潮がよい。定員1人。

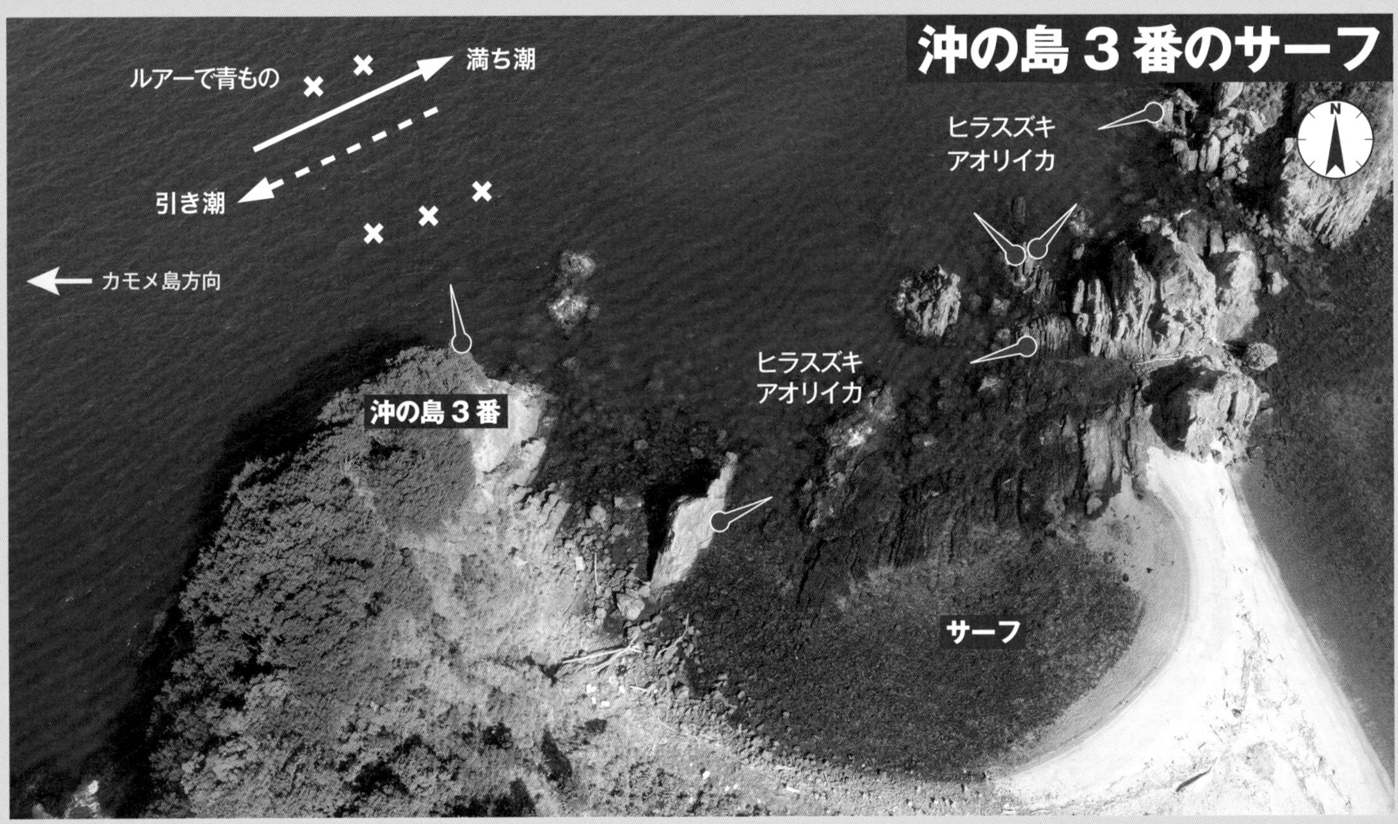
沖の島3番のサーフ
ルアーで青もの
満ち潮
引き潮
カモメ島方向
ヒラスズキ
アオリイカ
沖の島3番
ヒラスズキ
アオリイカ
サーフ

サーフ周辺は北西の強い風が吹き白く泡立つときにヒラスズキがよくヒットする。サイズは50～70cmがレギュラー。ルアーでは青もの、ロックフィッシュもよい。秋のアオリイカは全体で釣れる。

沖の島３～５番

満ち潮
引き潮
満ち潮
引き潮
沖の島３番
沖の島４番
沖の島５番

沖の島３～５番はいずれもフカセのグレだけでなくカゴ釣りでイサギ、マダイ、青ものがねらえる。カゴ釣り仕掛けのウキ下はサオ１～２本で 30m ほど沖がポイント。ルアーでも青もの、ロックフィッシュが釣れる。５番は磯が広く３人サオが出せる。

沖の島５番のサーフ

満ち潮
引き潮
沖の島５番
ヒラスズキ
アオリイカ
青もの
ヒラスズキ
アオリイカ
青もの
ヒラスズキ
アオリイカ
サーフ

５番のサーフは沖の島桟橋から徒歩でアクセスする。北風が吹く日は荒れるのでルアーでヒラスズキ、青ものがよい。秋のアオリイカは良型が釣れる。

沖の島
19番のシモリの奥
Area

沖《おき》の島《しま》西《にし》

■19番周辺は本流脇になるためか意外と潮の流れが緩い。満ち潮時はカモメ島方向によい潮が出ていくことがあるが引きは緩くフラつくことが多いので釣りにくいことがある。特に19番は波にも強くターゲットは豊富でフカセ、カゴ、ルアーと何でも来い！　底物のイシダイもよい。カモメ島周りは潮通し抜群で本流ガンガン！　特に引き潮がよくフカセでグレ、マダイねらいに人気がある。底物やルアーも抜群。とにかく渡船エリアでは一番遠方にあり横島から磯上げしていくと釣り人が多い場合は1時間以上かかるが、ロマンあふれる一級の小島だ。

19番のシモリの奥

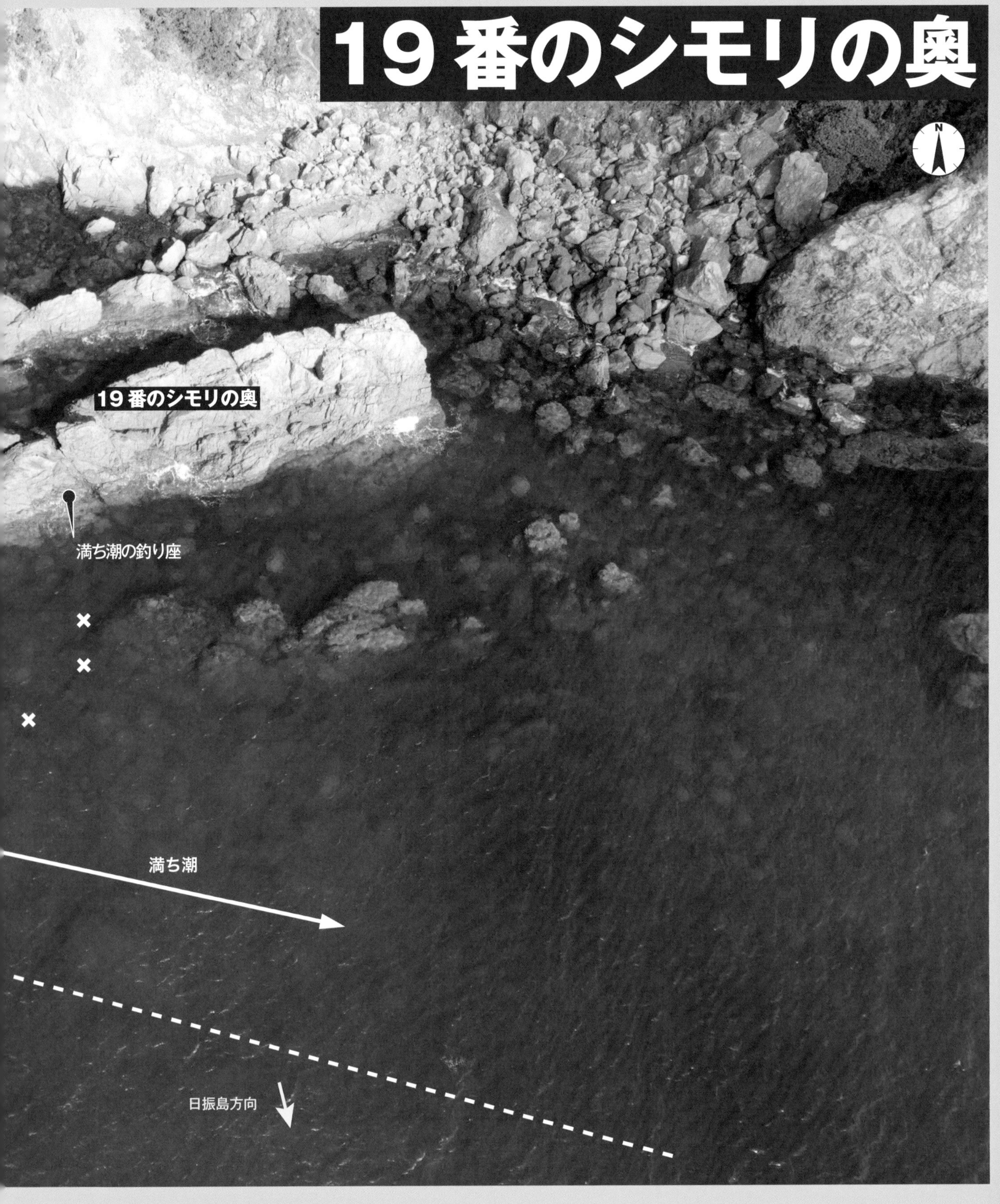

グレは両潮釣れるが引き潮が釣りやすい。速い引き潮が流れるので30～40m流し釣りすると35～40cmのオナガ、大型クチブトが出る。真冬の低水温期はよくない。梅雨と初冬がハイシーズン。点在するシモリ横を探るように釣るとよい。

引き潮の釣り座
引き潮

19番のシモリ・シモリのオカ

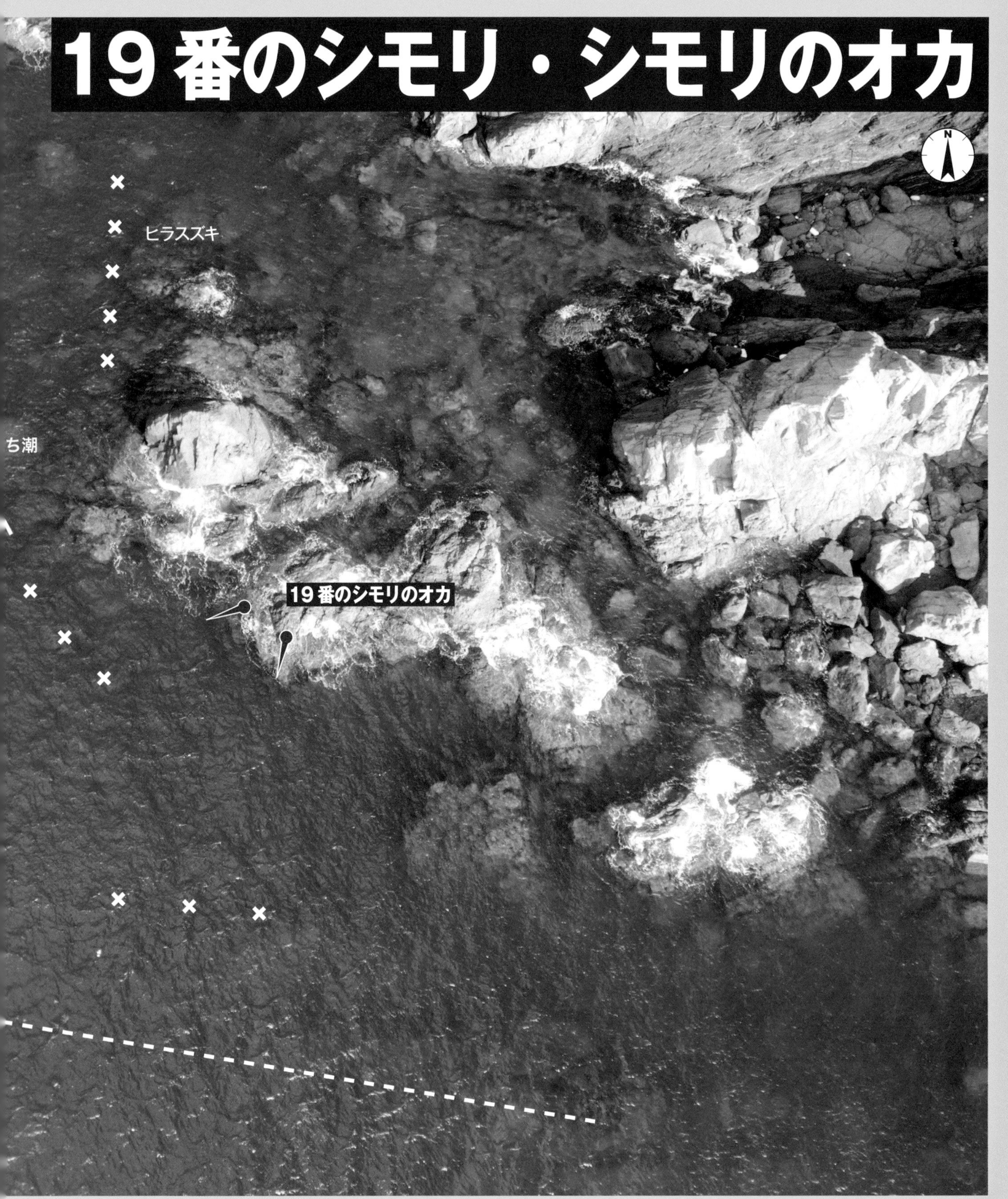

【19番のシモリ】低い磯で東寄りの風以外は弱い。また大潮の満潮時は磯渡しできない。オナガグレ、クチブトグレ、イサギ、マダイ、青ものと何でも来いのA級釣り場。ルアーで夏～初冬に青もの。春と秋にヒラスズキがねらえるが軽装でないと下りられない。

【19番のシモリのオカ】足場がよく北風に強いが北西、西、南西の風には弱い。浅場ゆえカゴ釣りには不向きでフカセ釣りオンリー。3ヒロまでの浅いウキ下で潮が流れる方向にあるシモリ周辺を探る。

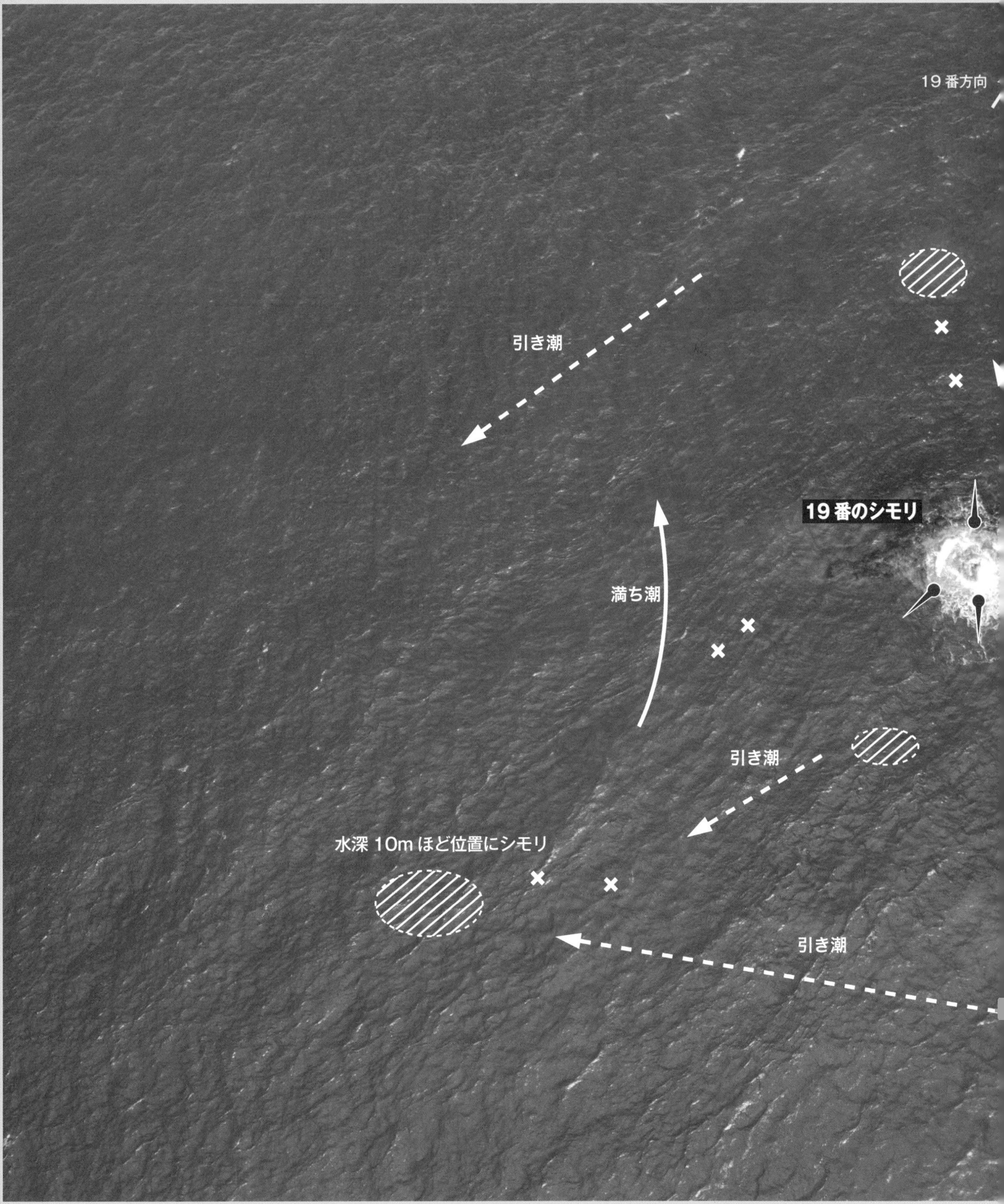
19 番方向
引き潮
19 番のシモリ
満ち潮
引き潮
水深 10m ほど位置にシモリ
引き潮

19番

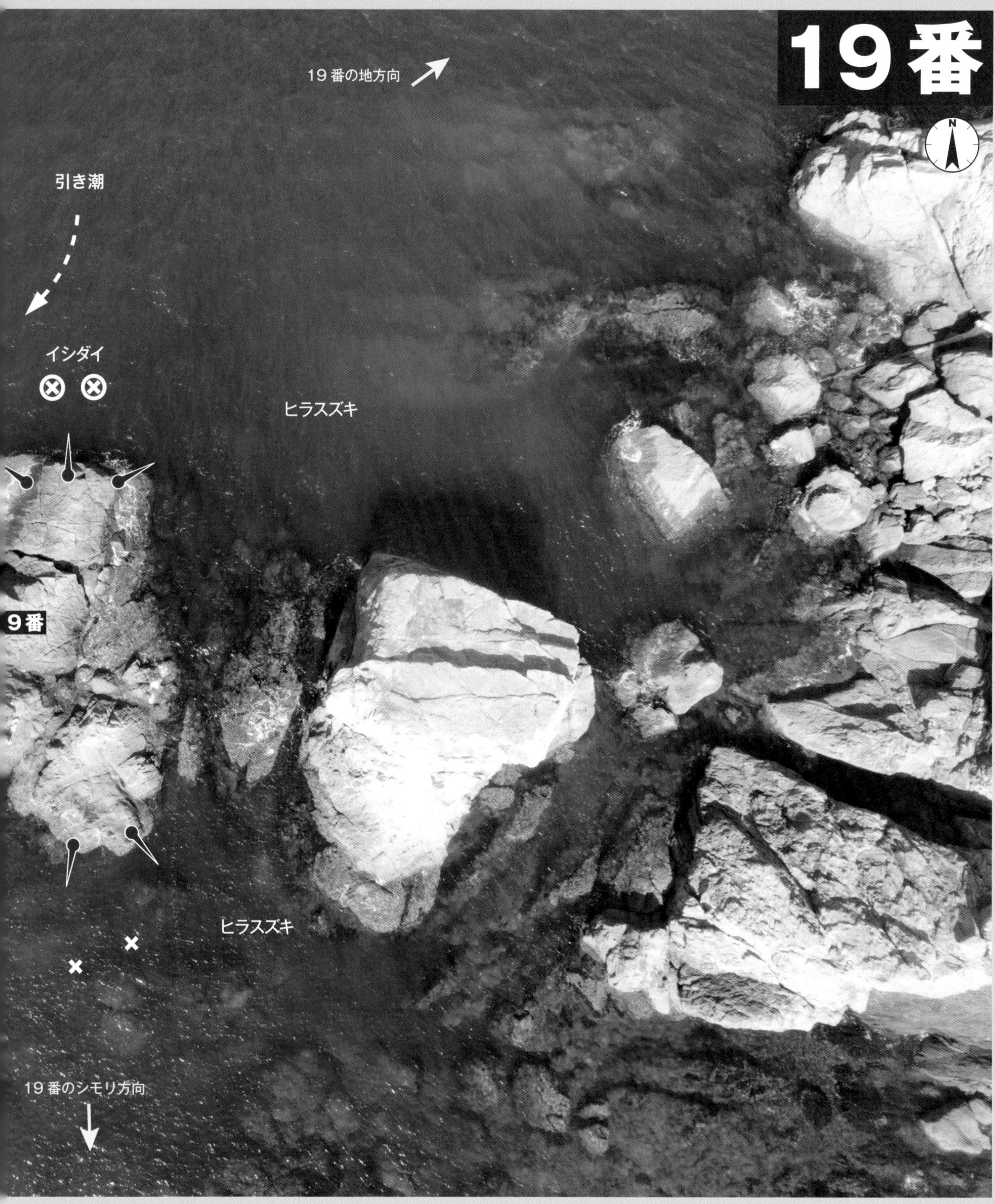

N
19番の地方向
引き潮
イシダイ
ヒラスズキ
9番
ヒラスズキ
19番のシモリ方向

グレ、マダイ、イサギ、青ものとターゲット豊富。フカセは両潮OK。カゴ釣りは特に引き潮がよい。南西〜西向きにウキ下サオ1.5〜2本の仕掛けを投入して流す。磯の北側には底物ポイントがあり早い年は6月からイシダイ、イシガキダイがねらえ10月まで有望。ルアーは西向き一帯の沖で青もの、ロックフィッシュ、梅雨〜秋は陸向きでヒラスズキ60〜80cmがヒットする。

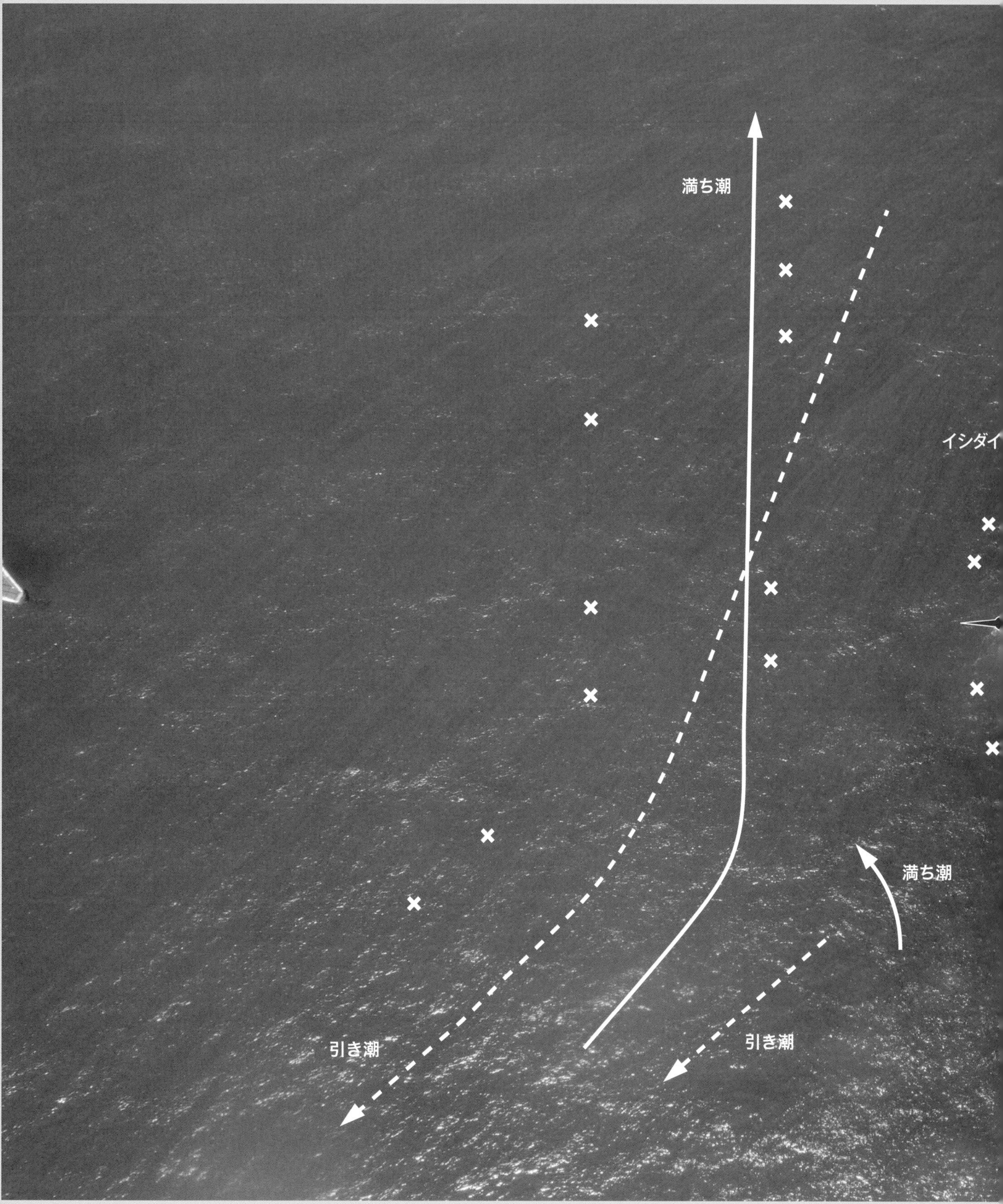
満ち潮
イシダイ
満ち潮
引き潮
引き潮

19番の地

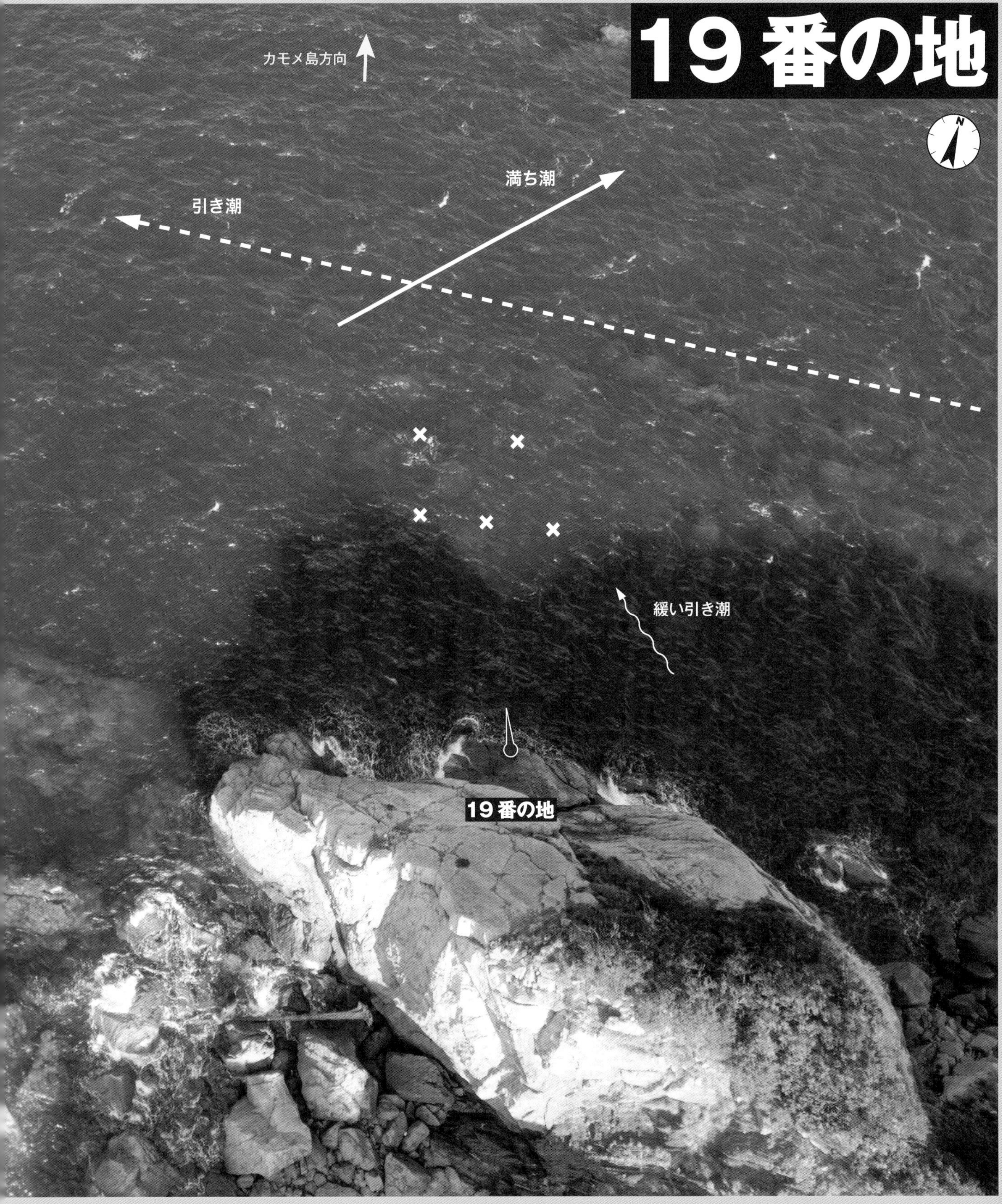

引き潮メインのグレ釣り場。特に満潮からの下げ始め、潮位が高い時間帯がよい。ウキ下２～３ヒロのフカセ仕掛けをカモメ島方向に遠投してねらう。朝は日陰になり夏場は涼しいが冬は寒い。北寄りの風に弱いので寒グレシーズンに磯上がりできる日は限られるが良型が出る。ルアーではヒラスズキがねらえる。

19番

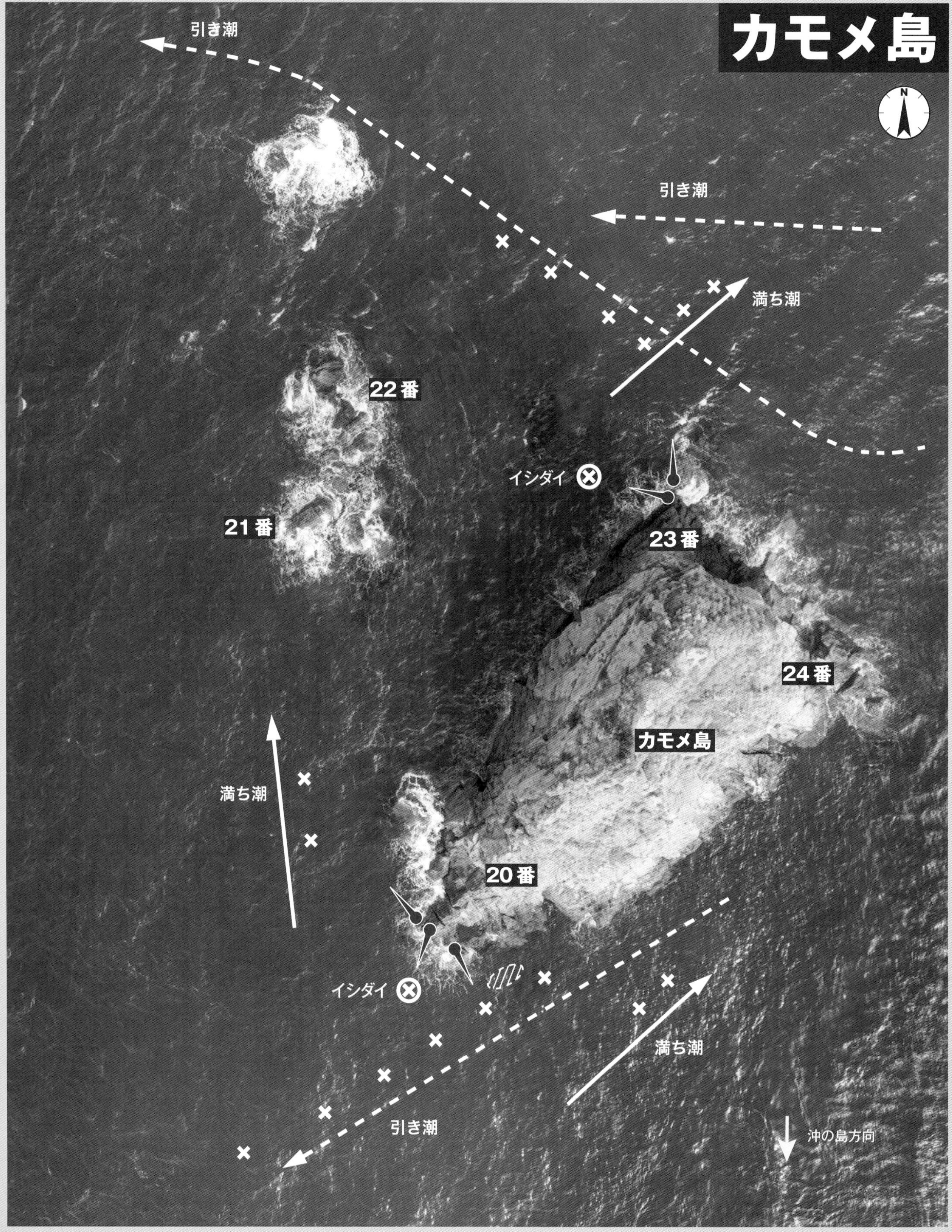
カモメ島
N
引き潮
引き潮
満ち潮
22番
イシダイ
21番
23番
24番
カモメ島
満ち潮
20番
イシダイ
満ち潮
引き潮
沖の島方向

潮通し抜群のカモメ島はＳ級ポイントがズラリ。特に20番、21番、22番が最高。上物はクチブトグレ、オナガグレ、マダイ、イサギ、底物のイシダイ、イシガキダイ、ルアーで青もの、ヒラスズキなど。特に青ものは夏に１～4kgのカンパチが回遊するので楽しみ。

カモメ島 21 番・22 番

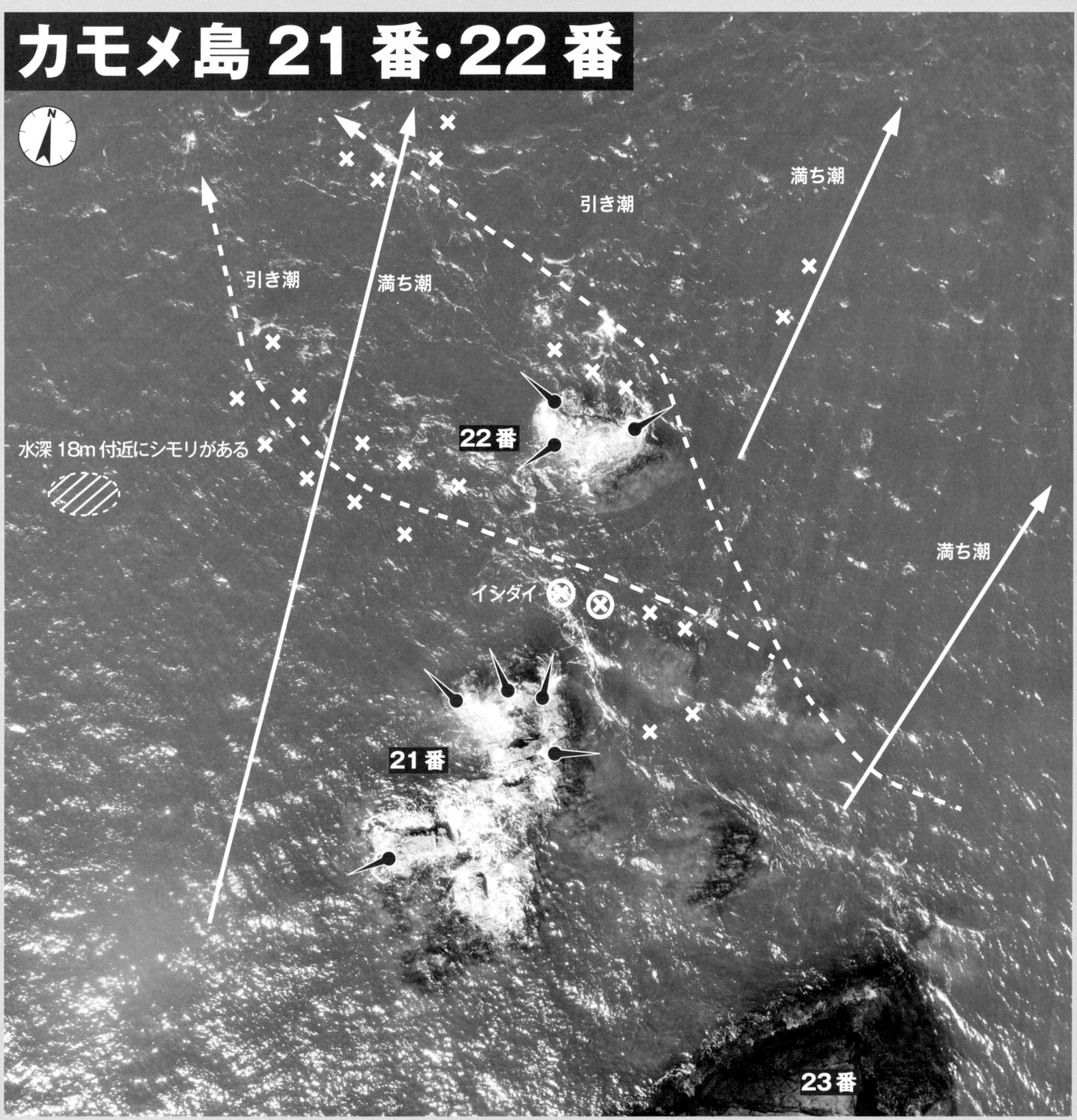
N
引き潮
満ち潮
引き潮
満ち潮
満ち潮
水深 18m 付近にシモリがある
22 番
イシダイ
21 番
23 番

【21 番】 満ち潮もよいが引き潮は二重丸。フカセでグレ、マダイ、イサギ、青もの。22 番との間に生じる潮のヨレは最高のポイント。カゴ釣りは西方向沖にある水深 18m のシモリ付近をねらう。ルアーのヒラスズキも面白い。

【22 番】 ここも引き潮が二重丸。サオ下から生じる引き潮時のヨレは最高のポイント。グレ、マダイ、イサギ、青ものはフカセ、カゴ釣りとも OK。ルアーの青ものも最高。どちらの磯も低く波に弱いので北西風がまともに当たる冬場は渡船不可。

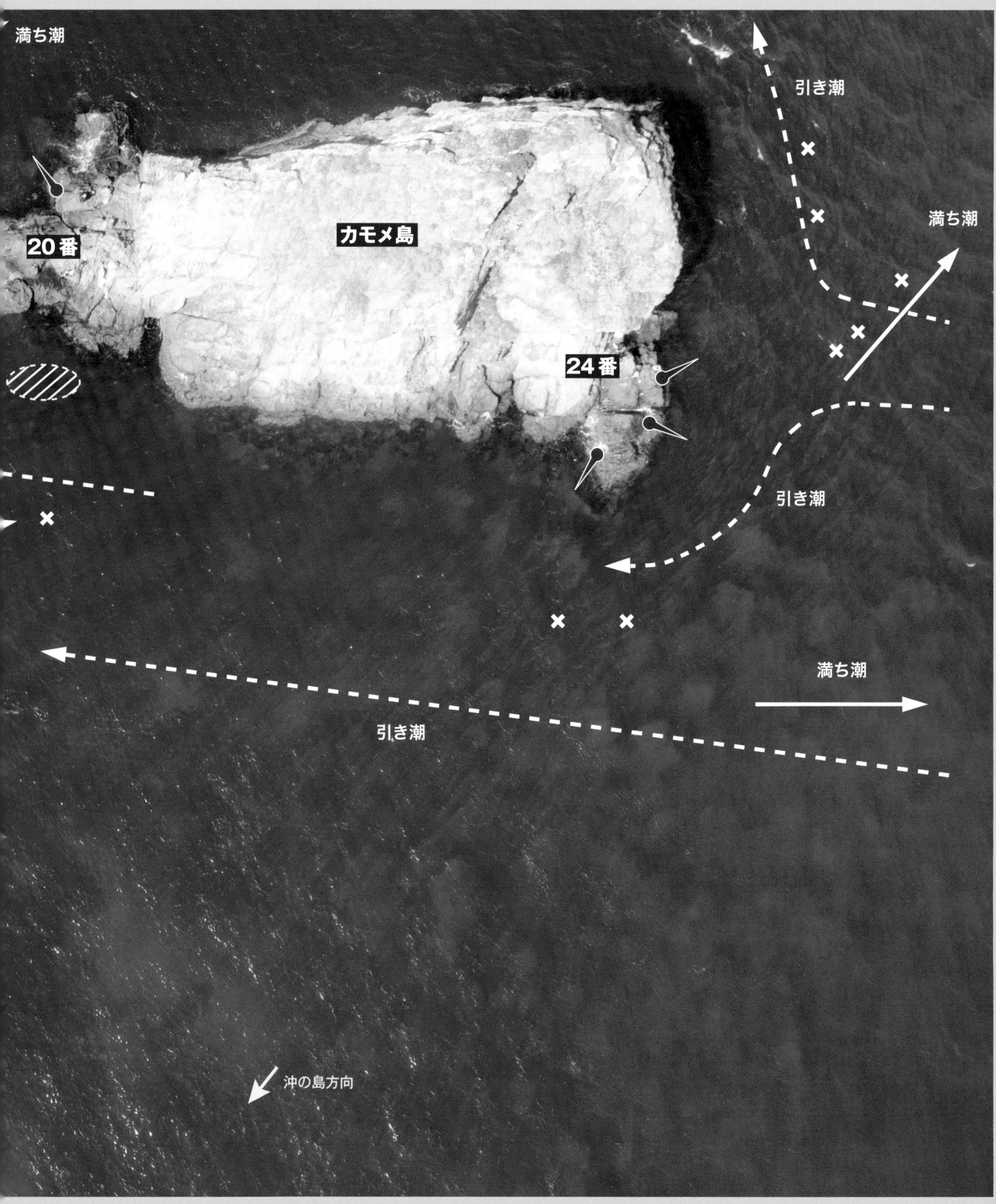
満ち潮
引き潮
20番
カモメ島
満ち潮
24番
引き潮
満ち潮
引き潮
沖の島方向

【20 番】 グレは年中、マダイは春。フカセ釣りは引き潮の本流に仕掛けを乗せて流す。100m 沖でもアタリが出る。夏〜秋はイサギも面白い。イシダイは夏場の満ち潮時に。ルアーで青ものをねらうなら夏〜秋。

【24 番】 フカセは満ち潮の釣り場。グレ、マダイ、イサギがねらえる。引き潮時は当て潮が速すぎて釣りにならない。ルアーで青もの、ヒラスズキも A 級釣り場。

カモメ島20番・24番

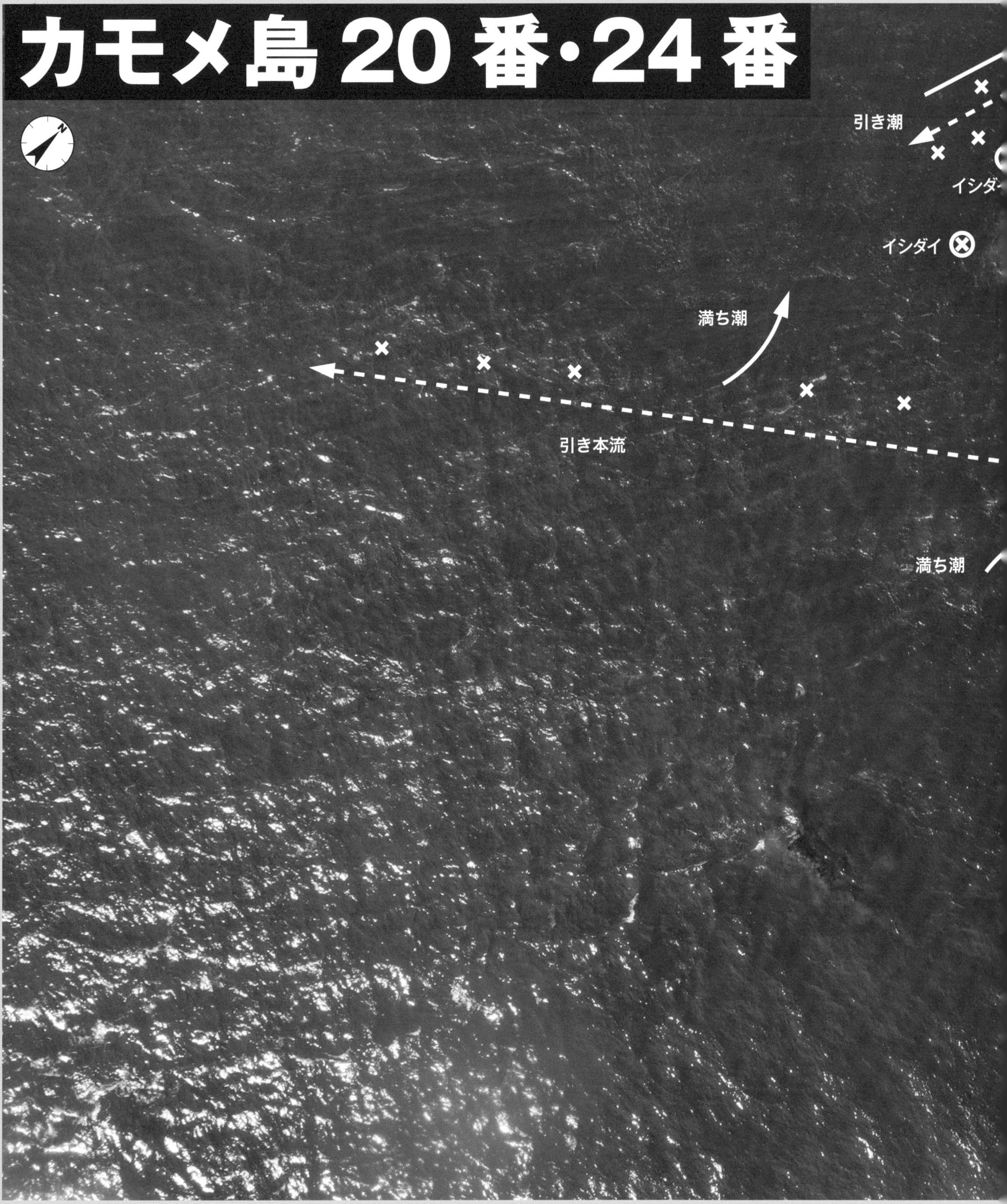

宇《う》和《わ》島《じま》周辺

■宇和島港の目の前にある九島などに釣りができる磯はあるが、普段はめったに磯上げすることはなく沖が荒れている場合にトーナメントの予選などで使用されることがほとんど。ただしその磯も北西～西の風には弱い。九島に渡る橋の完成後は渡船利用で好んで渡る人は少ない。グレは小型が中心、春先のチヌは年無し級も出る。専門にねらう人は少ないが漁師さんの網にはロクマル以上の大型がよく入ってる。

Area

鍋島

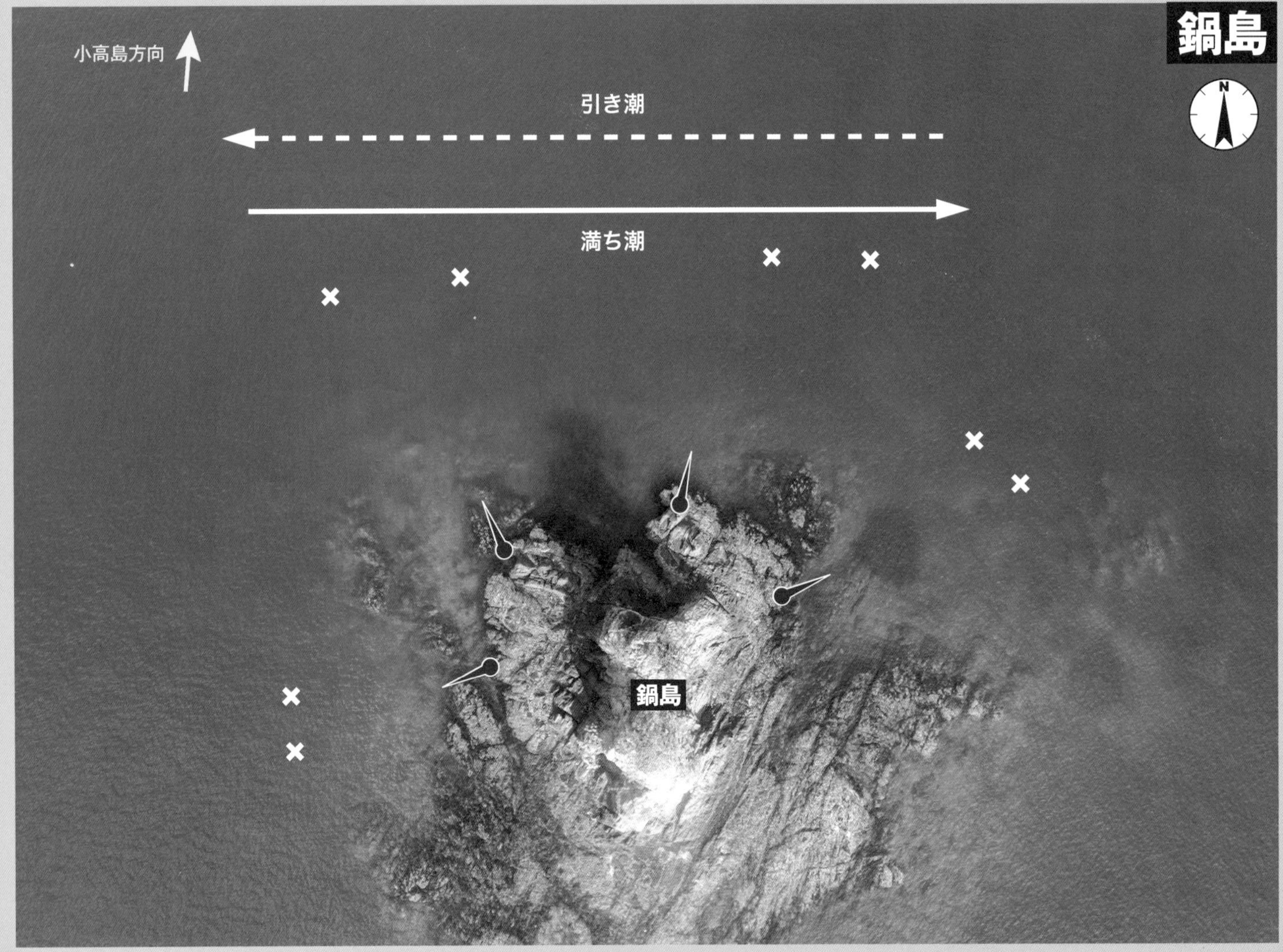

湾内の磯だが西～北西風に弱い。また冬は水温が下がるため釣果が出ない。春～秋は中小型のグレが数釣れるので競技会で磯上がりすることが多い。ウキ下２ヒロ前後のフカセ仕掛けで遠投する。

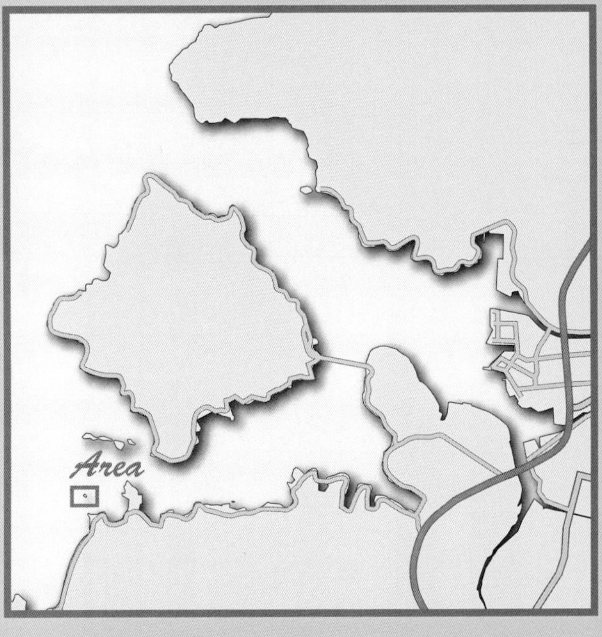

小高島

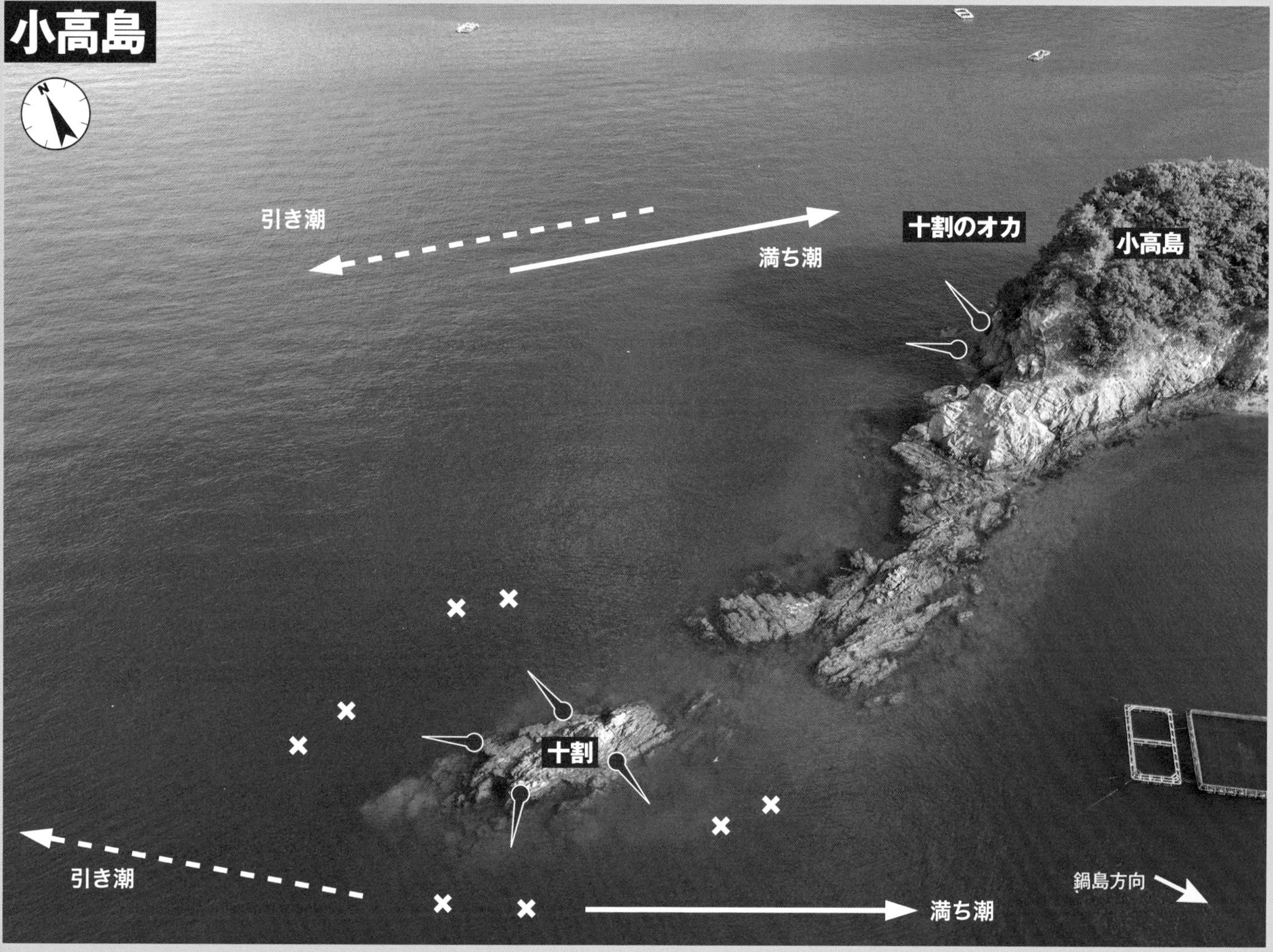
引き潮
満ち潮
十割のオカ
小高島
十割
引き潮
満ち潮
鍋島方向

小高島のメインは十割と呼ばれるハナレ磯。十割のオカとともに中小型グレの数釣り場で競技会で磯上げすることが多い。シーズンは春から秋。ウキ下2ヒロ前後で遠投してねらう。エサはオキアミ、ムキ身、ダンゴなどを使い分ける。春は40～50cmの乗っ込みチヌも多い。

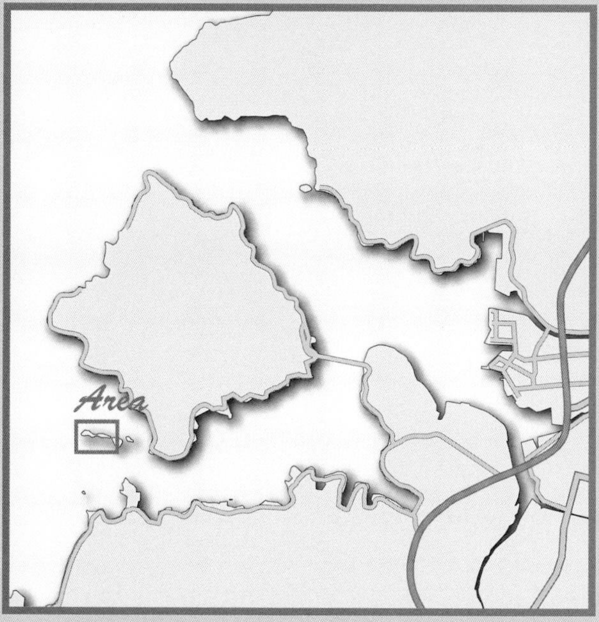
Area

真坂鼻

九島の西端に位置し競技会で３人の選手が腕を競うことが多い。春〜秋、フカセのグレは中小型がメインだがまれに 35 〜 40cm も釣れる。ウキ下２ヒロ前後で遠投。春は乗っ込みチヌ 40 〜 50cm もねらえる。

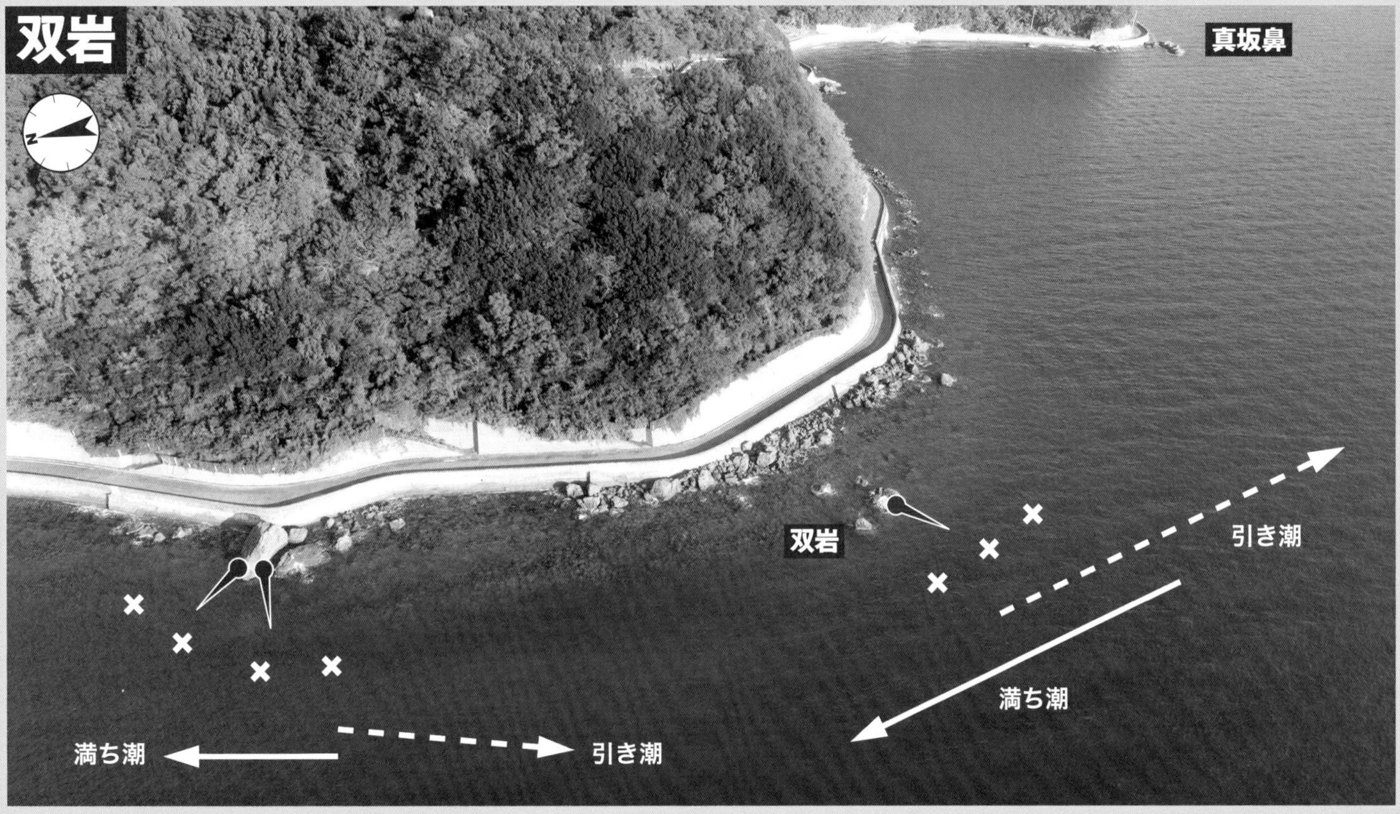
双岩
真坂鼻
双岩
引き潮
満ち潮
満ち潮
引き潮

双岩（ふたいわ）は「亀岩横のシモリ」とも呼ばれる。グレがよく釣れる磯だが渡れるチャンスは少ない。ナギで潮位が低い時のみの釣り場。

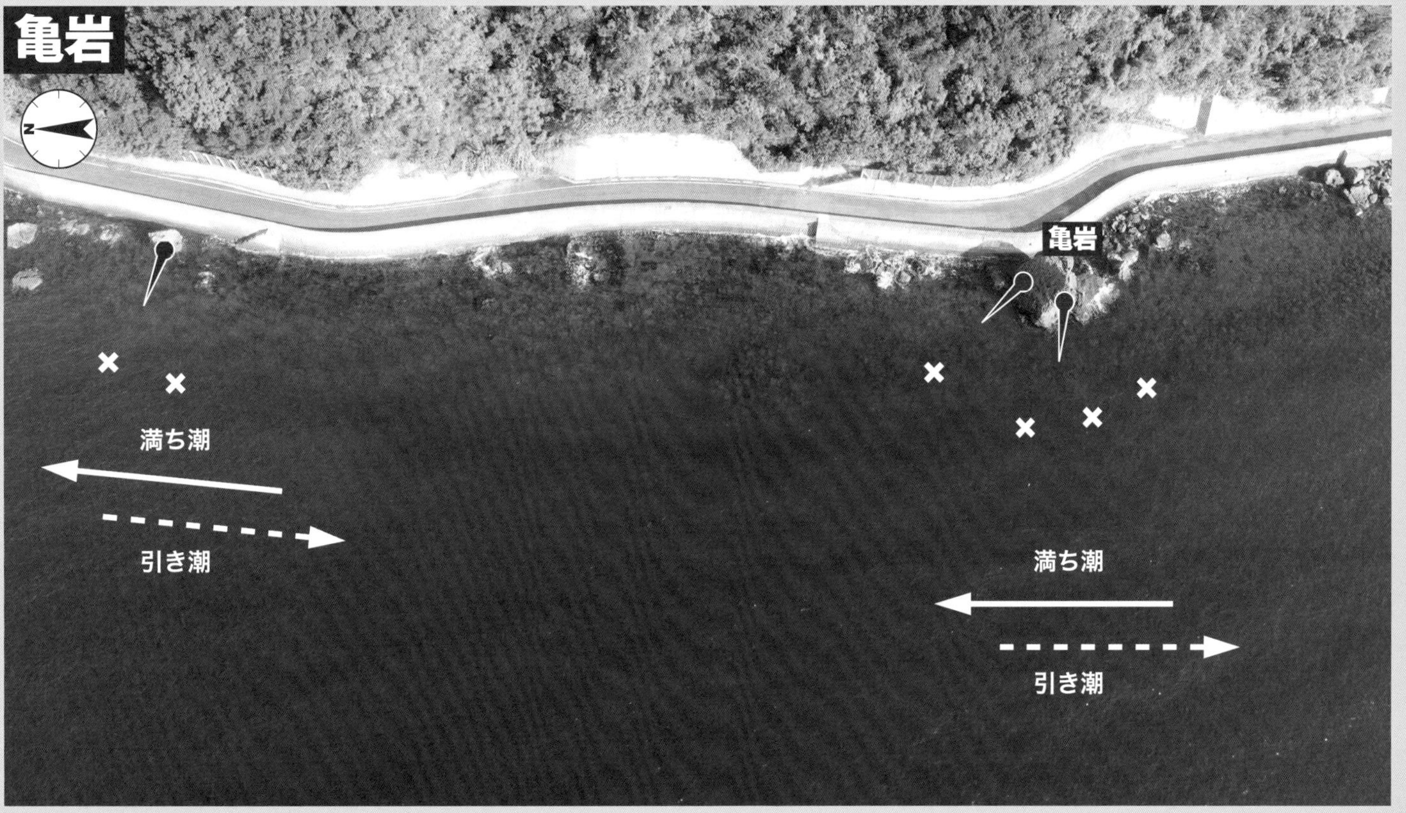
亀岩
亀岩
満ち潮
引き潮
満ち潮
引き潮

亀岩は中小型のグレが数釣れるが、超が付くほど足場が悪い。フカセ釣りはウキ下2ヒロ前後で遠投。春は乗っ込みチヌ40～50cmもねらえる。

テトラ～只波《ただなみ》鼻

■荒天時にトーナメント成立のため使用される磯。グレは小型がメインだが、まれに40cmクラスもまじる。チヌは45～50cmの良型が多い。陸からアクセスできるが道路が狭く駐車スペースが限られる。車で行けるのは宇土の鼻まで。北、北西、西風がまともに当たり使えない日が多い。

只波鼻
宇土の鼻
立石バ
Area

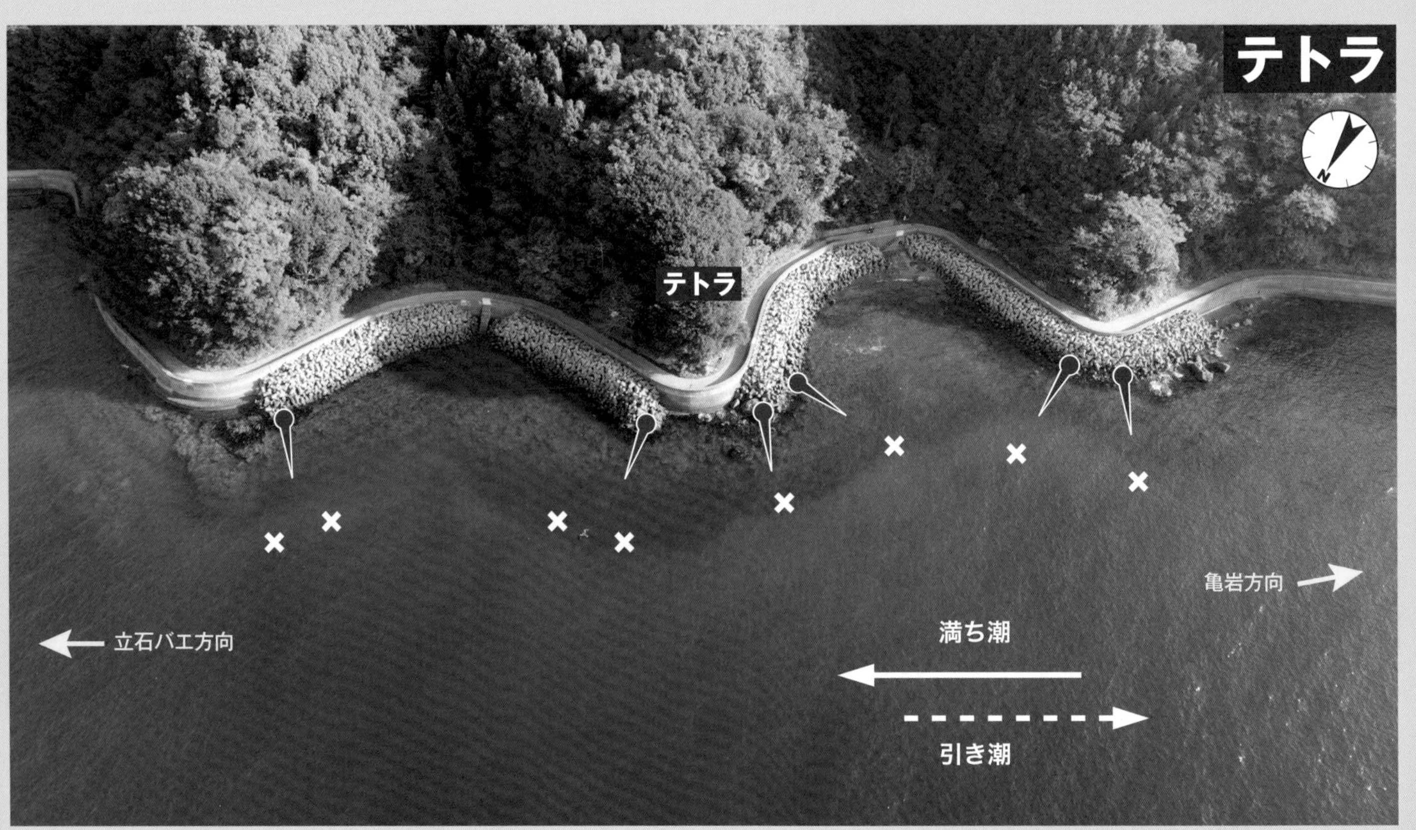
テトラ
テトラ
亀岩方向
立石バエ方向
満ち潮
引き潮

グレ釣りの競技会で使用するエリア。ウキ下２ヒロ前後のフカセ釣り仕掛けを遠投すると中小型の数釣りができる。シーズンは春〜秋。

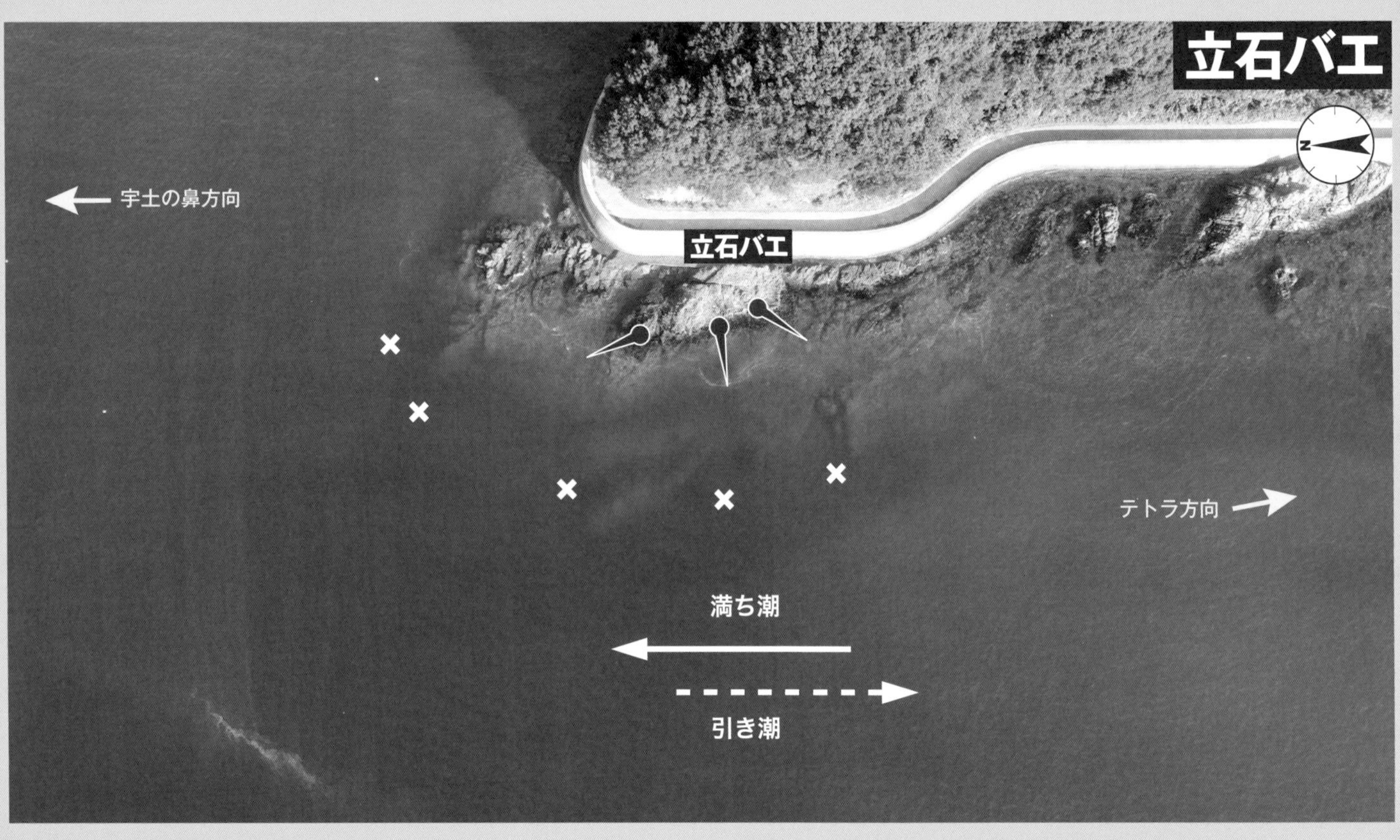
立石バエ
宇土の鼻方向
立石バエ
テトラ方向
満ち潮
引き潮

大潮の満潮時は磯が水没。道路からはハシゴがないと下りられない。春は一面に藻が多い。基本的にはグレ競技会で使用されるコッパグレの数釣り磯。周辺の他の磯と同じでウキ下２ヒロのフカセ仕掛けを遠投してねらう。春は良型のチヌもOK。

宇土の鼻

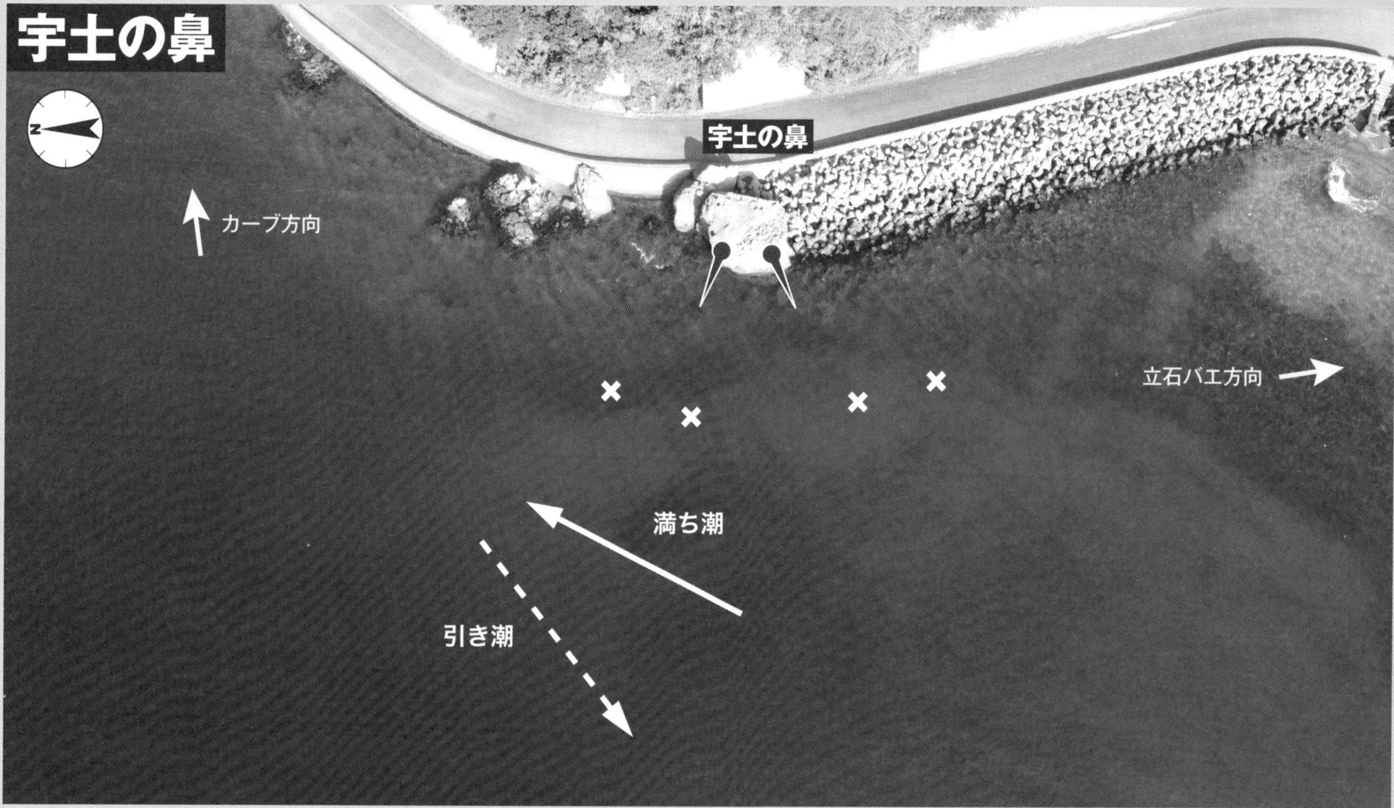

中小型グレがメイン、春～秋の競技会でサオを出す数釣りポイント。春は良型のチヌもねらえる。春～初冬は遠投サビキ釣りやカゴ釣りでアジ釣りが面白い。尺アジも釣れる。ルアーでは秋～冬にハマチ、春はサゴシ（サワラ）がヒットする。

カーブ

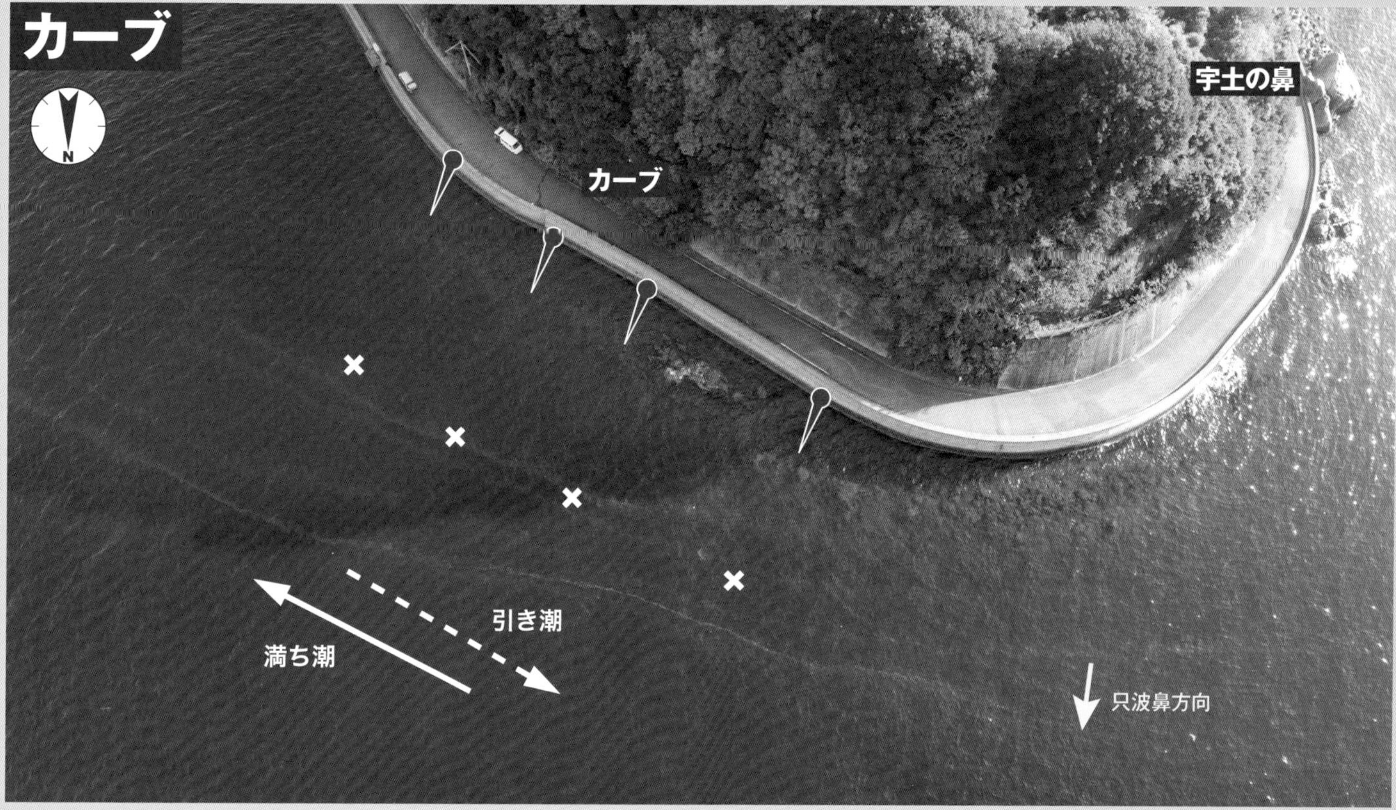

春～秋に中小型グレの数釣り、春先に良型乗っ込みチヌが釣れるのは周辺磯と同じ。グレはウキ下２ヒロ前後で遠投。足下に散乱したマキエをきれいに洗い流して帰るのを忘れずに。春～秋は遠投サビキ、カゴ釣りで 10 ～ 30cm のアジがねらえる。

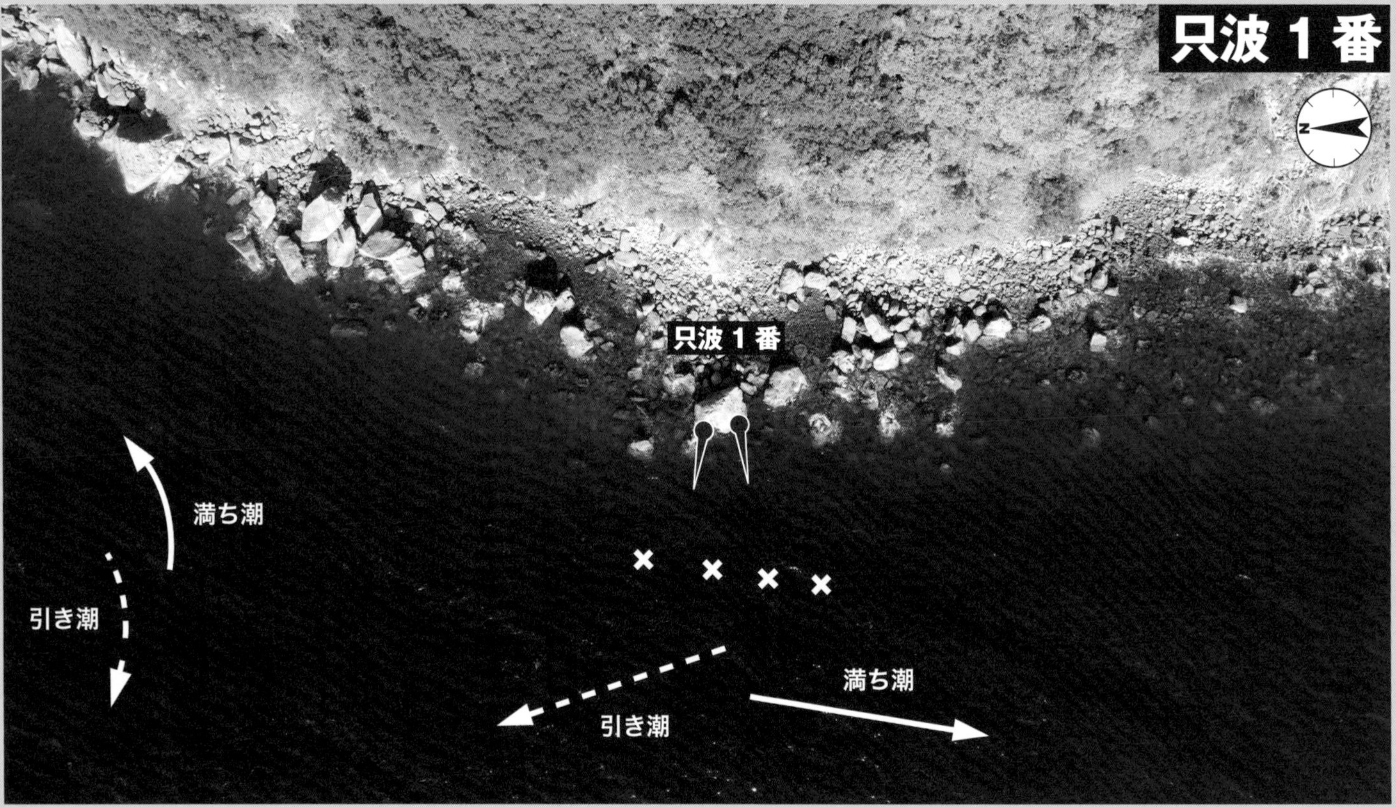
只波 1 番
N
只波 1 番
満ち潮
引き潮
満ち潮
引き潮

グレは春～秋の中小型の数釣り場、競技会で使用されることが多い。ウキ下 2 ヒロ前後にしてフカセ仕掛けを遠投する。

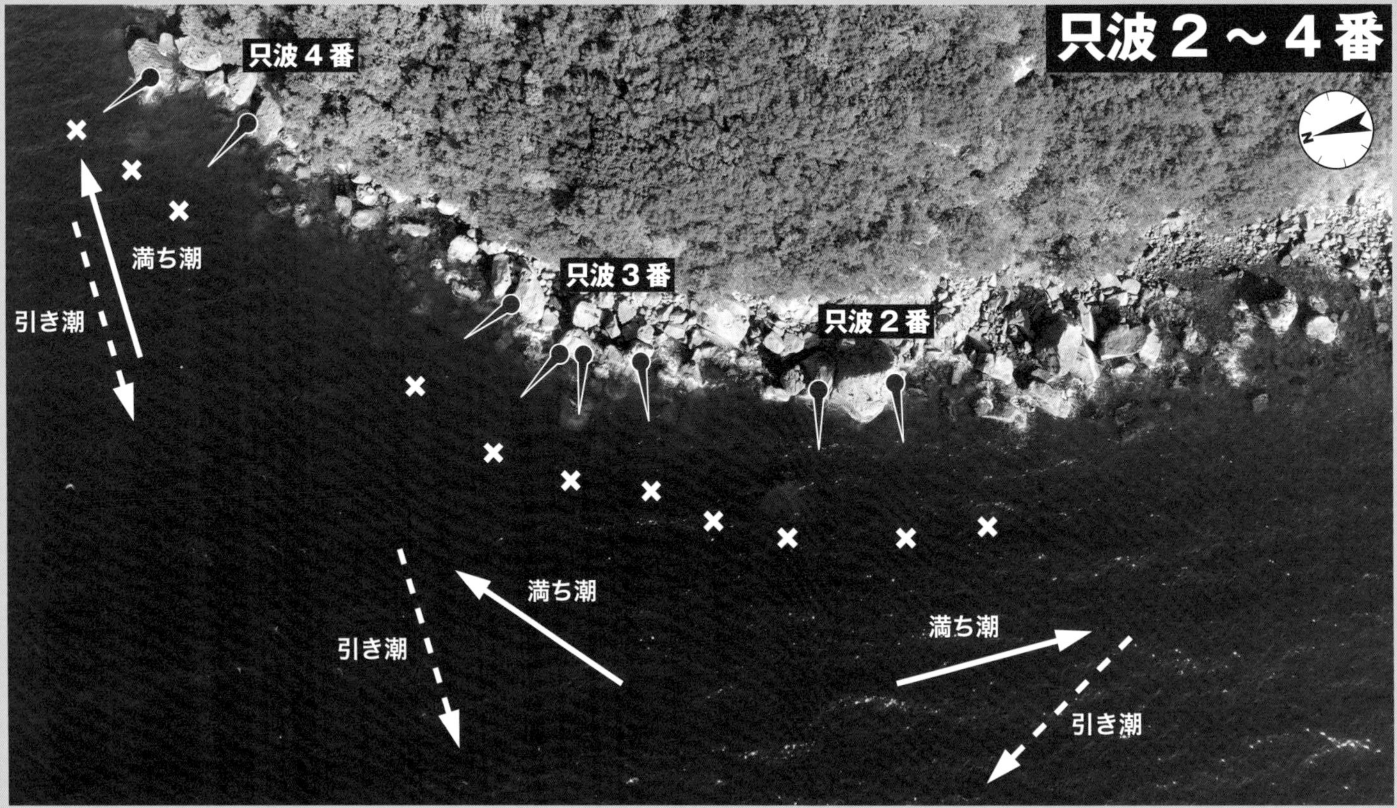
只波 2 ～ 4 番
N
只波 4 番
満ち潮
引き潮
只波 3 番
只波 2 番
満ち潮
引き潮
満ち潮
引き潮

春～秋に中小型グレが数釣れる競技会場だが、初夏はごくまれにオナガグレ 35 ～ 40cm がヒットすることもある。フカセ釣りは周辺の磯同様、ウキ下 2 ヒロ前後で遠投が基本。春は良型のチヌもねらえる。

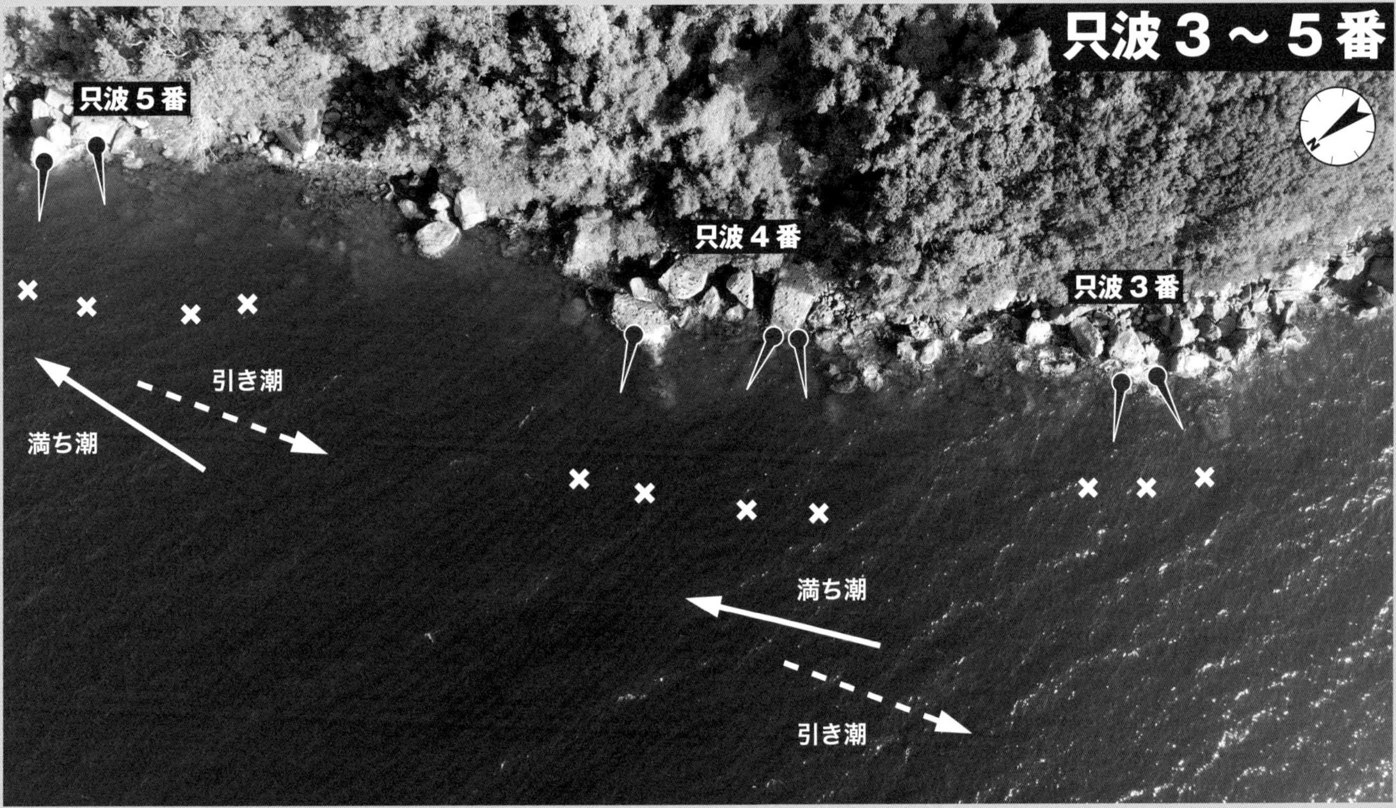
只波３～５番
只波５番
只波４番
只波３番
引き潮
満ち潮
満ち潮
引き潮

春～秋に中小型グレが数釣れる競技会場。フカセ釣りはウキ下２ヒロ前後で遠投する。
春は良型のチヌ 40 ～ 50cm もねらえる。

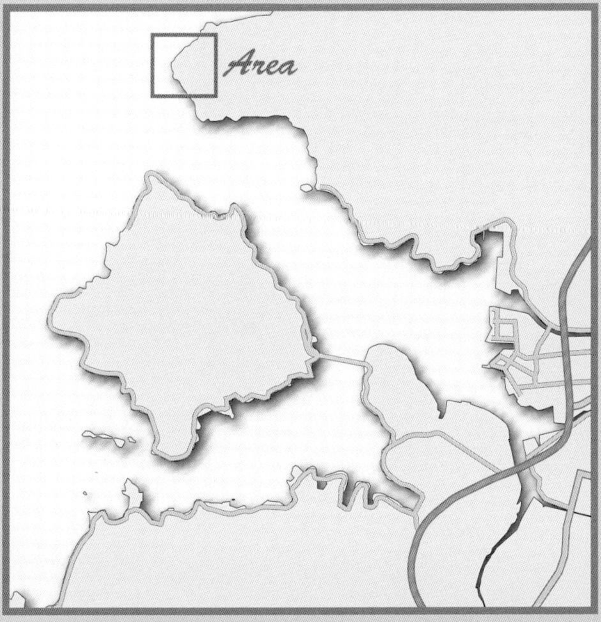
Area

九《く》島《しま》港《こう》

■グレをねらうなら打ち込んだマキエからずらした場所に深めのウキ下で遠投、芝エビのムキ身またはダンゴ（練りエサ）を使って釣るのがよい。投げ釣りのキス、ベラ（昔はカレイも釣れた）、アジング、メバリング、エギングなどもOKだが、民家が近いので夜釣りの場合は騒がず静かに釣ること。迷惑駐車も厳禁。車での釣行は大橋周辺や蛤漁港までが無難。

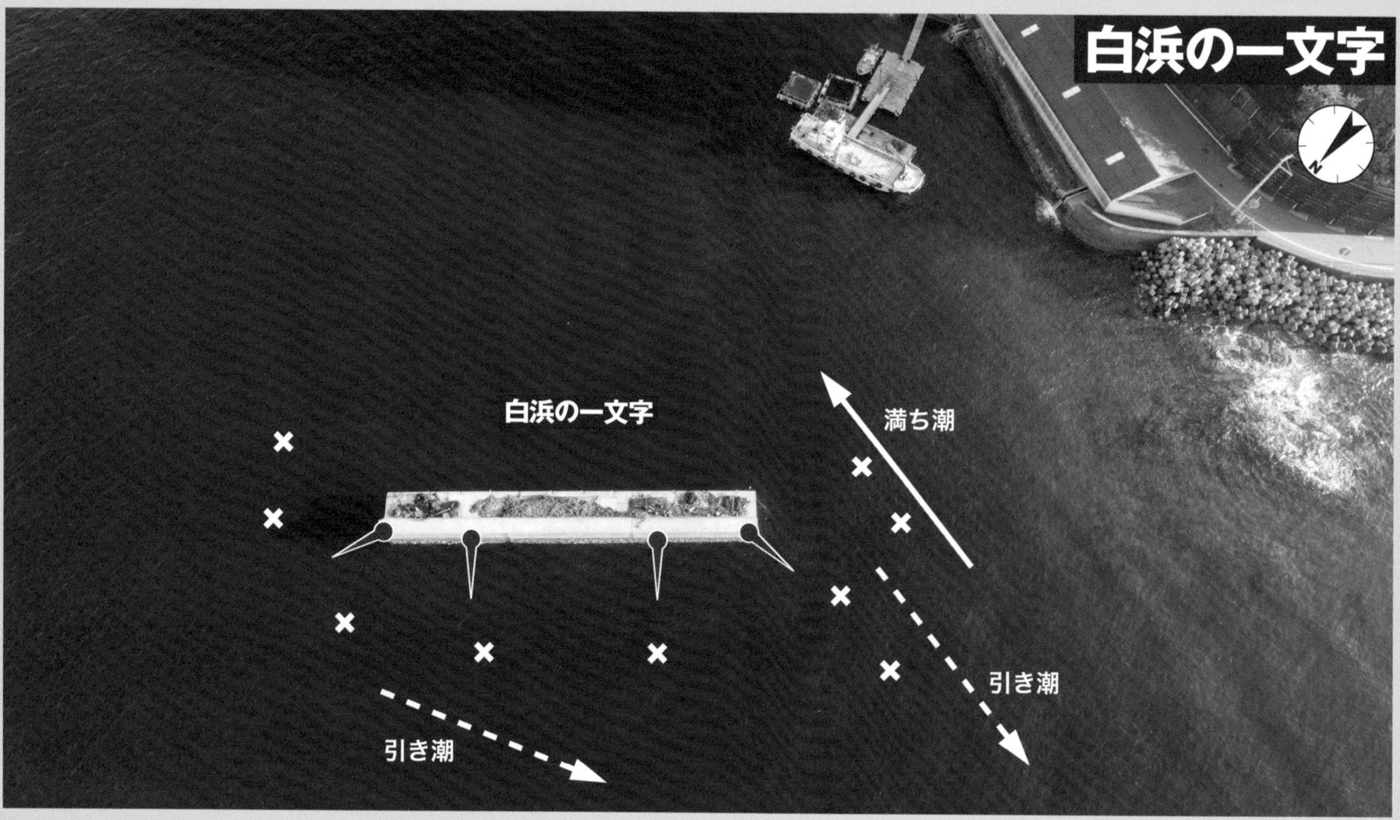
白浜の一文字
白浜の一文字
満ち潮
引き潮
引き潮

九島の南対岸にある沖堤防。宇和島港から日振島へ向かう渡船や定期船から左手に見える。春〜秋、中小型グレの数釣り場。投げ釣りで渡る人もいて、良型シロギスやキュウセン、カワハギなどが釣れる。

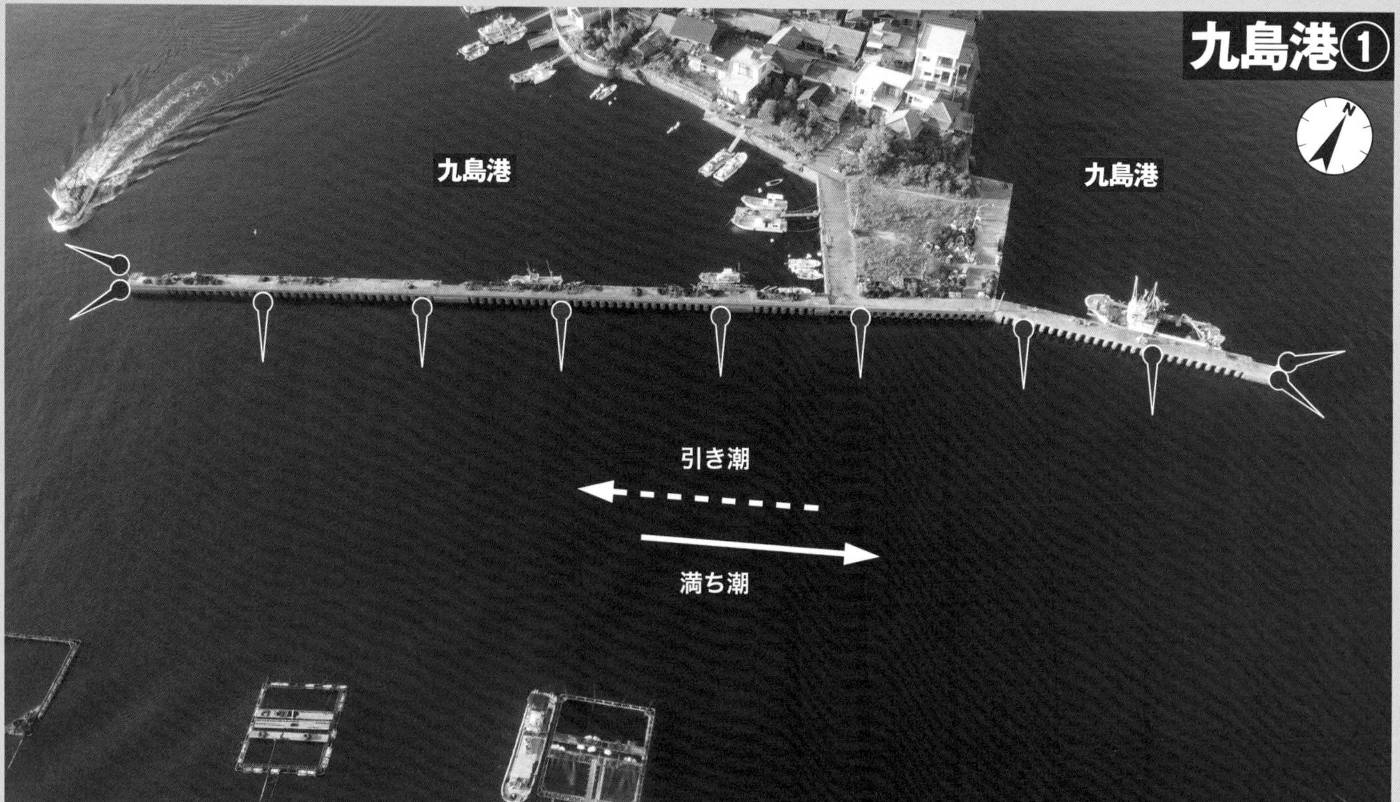
九島港①
九島港
九島港
引き潮
満ち潮

グレをねらうならダンゴをエサに遠投、深めのウキ下で探る。投げ釣り、ルアーのライトゲーム、エギングなどが楽しめるが夜間は地元住民に迷惑をかけないよう静かに釣ること。

九島港②

冬～春のチヌポイント
蛤港
船舶の出入りに注意
百之浦港
引き潮
満ち潮

蛤漁港の西側で写真の左側は百之浦港と呼ばれる。九島港①同様、グレをねらうならダンゴをエサに遠投、深めのウキ下で。写真右の岸壁は冬～春にウキ下をサオ２～３本程度にして探ると大型チヌが釣れる。

九島港③

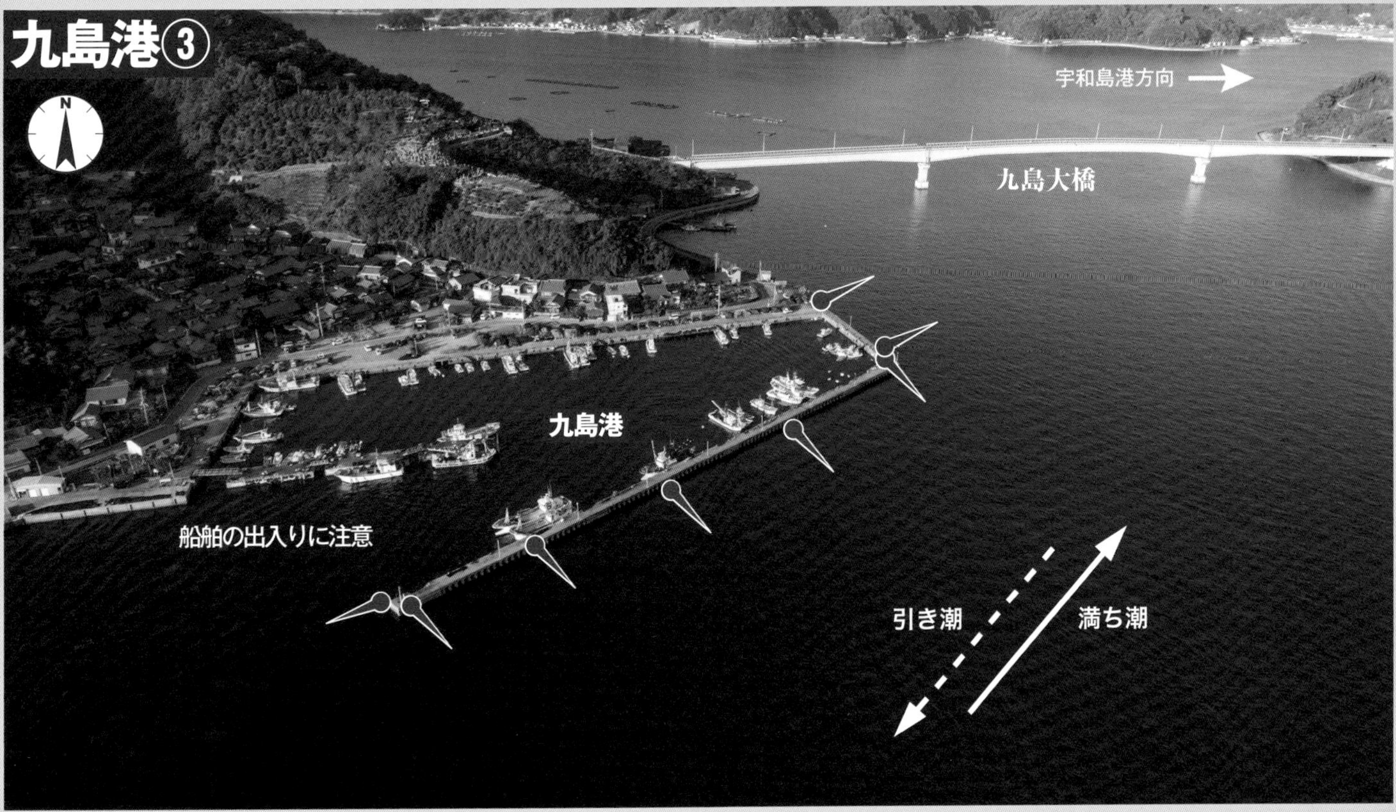
宇和島港方向
九島大橋
九島港
船舶の出入りに注意
引き潮
満ち潮

蛤（はまぐり）漁港とも呼ばれる。グレねらいでコッパからサイズアップさせるにはムキ身やダンゴをエサに遠投、深めのウキ下にする。投げ釣り、ルアーのライトゲーム、エギングなどが楽しめるが夜間は地元住民に迷惑をかけないよう静かに釣ること。春のチヌもよい。

令和版
日振島・宇和島
空撮［磯釣り場ガイド］
2020年7月1日発行
定価：本体2,500円+税

発行人　山根和明
編者　月刊つり人編集部
発行所　株式会社 つり人社
住　所　〒101-8408
東京都千代田区神田神保町 1-30-13
TEL03・3294・0781（代表）
つり人社ホームページ　https://tsuribito.co.jp
印刷所　大日本印刷

乱丁、落丁などありましたらお取り替えいたします。

ISBN978-4-86447-347-7 C2075